認知症で使える

使える

改訂3版

田中 元

サービス しくみ お金

のことがわかる本

自由国民社

はじめに

　2022年から23年にかけて、認知症高齢者数に関する最新の調査が行われました。その結果をもとにした推計では、団塊世代が全員75歳以上を迎える2025年には、認知症の高齢者数は471.6万人、認知症の一歩手前となる軽度認知障害（MCI）の高齢者は564.3万人とされています。実に1000万人以上の高齢者が、認知症あるいはそのリスクが高い人となるわけです。

　もはや、認知症は「特別な病気」ではなく、わが国の高齢者にとっては、誰しもがなりうるものといえます。同時に、自分の親や配偶者が認知症になった場合、あるいは64歳以下で発症する若年性認知症の人も増えている状況を想定すれば、すべての国民にとって避けて通ることのできない課題でもあります。

　昨今大きな話題となったのが、認知症のもっとも多い原因疾患であるアルツハイマー病の新たな治療薬「レケンビ（一般名：レカネマブ）」が、2023年12月に保険適用となったことです。これまでの認知症治療薬とは異なり、アルツハイマー病の原因物質とされるタンパク質に直接作用するもので、認知症の進行を抑えるという点では医学的に大きな期待が高まっています。

　ただし、このレケンビの投与はアルツハイマー病によるMCIや軽度の認知症の人に限定されるので、すべての認知症の人に適用されるわけでありません。認知症になっても、周囲の人の支えによって「その人らしく生活する」ことは可能であり、その点では治療という観点だけでなく、いかに地域のなかで支え合う体制を築くかという「社会のあり方」も問われてきます。

　こうした「社会のあり方」というビジョンを実現するため、や

はり2023年6月には、国会で「共生社会の実現を推進するための認知症基本法」が制定されました。

　この法律は、認知症の人を含めて国民全体が、相互に人格と個性を尊重しつつ支え合いながら共生する社会を目指した法律です。そのための体制づくりなどに向けて、国や自治体の行うべきことも明記しています。さまざまな施策についても、認知症の人の意向を十分に尊重しつつ、本人が社会のあらゆる分野に参画できるような環境づくりにもふれています。

　このように治療環境や社会のあり方は大きく変わりつつある一方、いざ自分あるいは家族が認知症になった場合の戸惑いはまだまだ大きいのが現実です。どのような支援をどうやって求めればいいのか、その入口にアクセスするにはどうすればいいかといった情報は、十分に周知されているとは言い難い面もあります。

　本書は、そうした「戸惑い」に応えるための一助として、2018年に刊行しました。その後、認知症研究の進展や支援体制の拡充が進むなかで、時代に合わせた改訂も行ってきました。

　そして、このたび、先に述べた認知症をめぐる大きな社会の動きを反映させるべく、再び手入れを行ないました。

　地域社会はもちろん、企業におけるビジネスケアラー（働きながら家族を介護する人）や学校でのヤングケアラー（家族の世話によって学業などに影響がおよびがちな子どもや若者）にもスポットが当てられるなか、認知症をめぐる問題意識はさらに高まっています。さまざまな場面を通じ、「認知症の人や家族をどのように支えていくか」を考えるうえでの道標にしていただければ幸いです。

　　　　　2024年7月　　介護福祉ジャーナリスト　田中　元

紹介する主なサービス等一覧

本書で紹介する認知症支援に関する主なサービス等（相談支援、医療サービス、介護サービス、機器類）を一覧にしました。サービス等の詳細については、該当ページをご覧ください。

分類	サービス名	支援内容	該当頁
相談支援等	地域包括支援センター	認知症疾患医療センターや認知症初期集中支援チームなどにつなげてくれる窓口 **費用：無料**	P62-63
	認知症初期集中支援チーム	医療系や介護・福祉系の専門職からなり、認知症サポート医による助言・指導を受けながら初期支援を行う **費用：無料**	P86-91
	認知症サポーター	地域や職場で認知症の人や家族に手助けをする **費用：無料**	P146-147
	認知症カフェ	認知症の人や家族が立ち寄って過ごせるカフェ **費用：無料〜300円程度**	P148-151
	認知症地域支援推進員	認知症支援の普及・啓発や相談支援などを行う **費用：無料**	P64-65
	認知症の人と家族の会	電話相談を受け付けているほか、全国各地で認知症支援に関する活動を幅広く行っている **費用：無料**	P70-71
	若年性認知症支援コーディネーター	本人・家族・企業に対する相談支援 **費用：無料**	P76-77
	認知症・見守りSOSネットワーク事業	本人がひとりで外に出ていった場合に、ネットワークに登録情報などを伝えて捜索を依頼する **費用：無料**	P144-145
	認とも	認知症の人の自宅を訪問して本人と一緒に過ごす **費用：無料**	P160-161
	若年性認知症コールセンター	若年性認知症に関する電話相談を受け付けている **費用：無料**	P76-77
	ピアサポート活動	認知症の人がサポーターとなり認知症の人への相談支援を行う **費用：無料**	P156-159
医療サービス	認知症疾患医療センター	認知症治療に関する一定の要件を満たす医療機関。診療のほかに、相談も受け付けている **費用：相談…無料　診断…数千〜2万円程度**	P56-57
	認知症サポート医	かかりつけ医に対し、認知症に関する助言や研修を行う。地域で啓発活動を行うこともある **費用：—**	P60-61
介護サービス	訪問看護	看護師が訪問して、本人の健康管理や服薬介助のほか、医師の指示のもとに、さまざまな療養管理も行う **費用：300〜1200円程度**	P110-111

分類	サービス名	支援内容	該当頁
介護サービス	認知症短期集中リハビリテーション	認知症の人へのリハビリテーションに関する専門の研修を受けた医師などの指示によって行われる	P124-125
		費用:250円程度／日	
	居宅療養管理指導	医師や歯科医師、薬剤師などが訪問し、本人のBPSD改善に役立てるような健康管理・指導を行う	P110-111
		費用:300～550円程度	
	訪問リハビリテーション	理学療法士や作業療法士などが自宅を訪問し、生活動作の機能が衰えないよう必要な訓練をする	P110-111
		費用:300～900円程度	
	短期入所療養介護	短期での宿泊に対応し、医学的な管理を行う	P112-113
		費用:900～1000円程度／日	
	小規模多機能型居宅介護	「訪問」「通い」「泊まり」のスタイルを組み合わせながら、認知症の人の状態に柔軟に対応する	P100-105
		費用:3000～2万7000円程度／月	
	認知症対応型通所介護(デイサービス)	認知症の人を集中的に受け入れ、少人数のなかでスタッフが個別対応を行いながら穏やかに過ごす	P108-109
		費用:1200～2000円程度／日	
	認知症対応型共同生活介護(認知症GH)	認知症の人たちが共同で生活しながら、その人らしい暮らしを実現していく。スタッフも常駐している	P106-107
		費用:10～20万円程度／月	
	訪問介護	ホームヘルパーが自宅を訪問し、食事、排せつ、清拭等の介助を行ったり、調理・洗濯・掃除など生活に必要な家事をサポートする	P110-111
		費用:200～700円程度／回	
	定期巡回・随時対応型訪問介護看護	1日に数回の定期訪問や呼び出しなどによる急な訪問に定額で対応する	P110-111
		費用:6300～3万円程度／月	
	短期入所生活介護	短期での宿泊に対応し、日常生活上の介護を行う	P112-113
		費用:700～1000円程度／日	
	グループホーム(短期利用型)	短期間だけ空いている居室に入居できるグループホーム(介護保険外)	P112-113
		費用:800～1000円程度／日	
	お泊りデイ	デイサービス利用後にそのまま「泊まり」が可能(介護保険外)	P168-169
		費用:700～1300円程度／日	
	介護老人福祉施設(特別養護老人ホーム)	要介護3以上の人が入所可能。小規模な共同生活単位を整えたユニットケア	P114-115
		費用:3～15万円程度／月	
機器類	徘徊感知機器	認知症の人がひとりで外に出ていきそうになった場合に、センサーが感知し、音声で制止したり、屋内にいる家族にチャイムで知らせる(介護保険でレンタル可能)	P142-143
		費用:400～800円程度／月(レンタル)	
	GPS機器	本人が外に出て行ってしまった場合に、靴や衣服に装着したGPSで居場所を調べることができる	P142-143
		費用:2000円程度／月	

※費用は自己負担分(介護保険サービスの場合は1割負担)を想定した目安
※食費など付加的なサービスを利用する際に発生する料金は含まない

目次

はじめに　　　　　　　　　　　　　　　　　　　　　　　2
紹介する主なサービス等一覧　　　　　　　　　　　　　　4

PART 1 実例紹介
認知症の人を支える地域のしくみ

1-1　認知症の発症
何もわからないなかでどこに相談すればいい?　　　　12

1-2　介護保険の活用
介護サービスへの引き継ぎ　本人は拒否しているが……　　15

1-3　日々の緊急事態
認知症につきまとうさまざまな事故不安を解消　　　　18

1-4　消費者被害の防止
詐欺商法などの心配も　財産管理をどうするか?　　　21

1-5　お金をめぐるサポート
親が認知症になったらお金の管理をどうすれば?　　　24

1-6　地域での暮らし
地域ぐるみの支援で本人らしい暮らしを　　　　　　26

column01　共生社会の実現を推進するための認知症基本法とは?　　28

PART 2 基礎知識
認知症とはどんな病気なのかを知っておこう

2-1　認知症の基礎知識
そもそも認知症とはどんな病気なのか?　　　　　　　30

2-2　認知症の種類
アルツハイマー型以外にどんな認知症があるか?　　　33

2-3　中核症状とBPSD
認知症で現れる症状の意味とは?　　　　　　　　　　36

2-4　BPSDを悪化させる原因
どのような場合にBPSDは悪化する?　　　　　　　　39

2-5　BPSDを改善させる方法
どうすればBPSDを改善できるのか?　　　　　　　　42

2-6　認知症の薬と治療
認知症の中核症状は改善できるのか?　　　　　　　　45

2-7　認知症の新薬について
認知症新薬レカネマブはどのように使われるのか　　　48

2-8　本人と家族への支援
認知症の人のために身近な人ができること　　　　　　50

column02　高齢者に生じやすい「せん妄」とは何か　　　52

PART 3 相談窓口
困ったら早めに相談。どこに、誰に?

3-1 相談体制の概要
認知症に関する相談のしくみはどうなっている?　54

3-2 認知症疾患医療センター
すべての都道府県にある認知症疾患医療センター　56

3-3 かかりつけ医
「かかりつけ医」に相談する方法もある　58

3-4 認知症サポート医
認知症に関する地域講座で医師と話してみる　60

3-5 地域包括支援センター
病院相談に抵抗があるなら地域包括支援センターへ　62

3-6 認知症地域支援推進員
市区町村役場の窓口も認知症対応に力を入れる　64

3-7 要介護(要支援)認定
介護サービスの利用を決めている場合は?　66

3-8 身近な人への相談
相談への迷いが大きい場合は「身近な人」へ　68

3-9 認知症の人と家族の会
認知症の人と家族の会など民間の相談機関も　70

3-10 要介護認定前のサービス利用
ケアマネジャーに直接相談する方法もある　72

3-11 ケアマネジャー
ケアマネジャーはどうやって探せばいい?　74

3-12 若年性認知症への対応
若年性認知症など専門の相談窓口は?　76

3-13 相談時に伝える情報
相談に際して伝えたい情報をあらかじめ準備　78

3-14 家族の状況
家族の健康や仕事等の事情なども遠慮しない　80

column03 自治体でも導入が進む「オレンジ手帳」とは?　82

PART 4 サービスI
認知症支援のための医療と介護のサービス

4-1 医療機関への受診・相談
家族が認知症? 早期の受診は大切か　84

4-2 認知症初期集中支援チーム①
2018年から全市区町村で認知症初期集中支援開始　86

4-3 認知症初期集中支援チーム②
初期集中支援チームの具体的な支援の内容
88

4-4 認知症初期集中支援チーム③
初期集中支援チームをどのように活用する?
90

4-5 認知症専門医による診断
認知症の診断はどのように行われる?
92

4-6 治療・投薬
認知症の治療とはどのようなものか?
94

4-7 介護サービスの役割
介護サービスをきちんと使うことがなぜ大切か?
96

4-8 認知症ケアに特化した介護サービス
認知症ケアに力を入れているサービスは?
98

4-9 小規模多機能型居宅介護①
小規模多機能型居宅介護とはどんなサービスか?
100

4-10 小規模多機能型居宅介護②
小規模多機能型の訪問サービスのメリット
102

4-11 小規模多機能型居宅介護③
小規模多機能型のサービスの流れは?
104

4-12 認知症対応型共同生活介護
グループホームではどんなケアが行われる?
106

4-13 認知症対応型通所介護
認知症対応型デイでのさまざまな取り組み
108

4-14 介護保険の訪問系サービス
訪問系サービスはどんなものをどう活用?
110

4-15 介護保険の短期入所系サービス
「泊まり」に対応した専門のサービスもある
112

4-16 介護老人福祉施設(特別養護老人ホーム)
特養ホームなど施設での認知症ケアは?
114

4-17 有料老人ホーム
有料老人ホームなどに移り住むという選択肢
116

4-18 訪問診療
通院が難しい場合には訪問診療も活用できる
118

4-19 入院時の認知症ケア
病院に入院した場合そこでの認知症ケアは?
120

4-20 医療と介護の連携
スムーズな退院に向け医療と介護が連携する
122

4-21 認知症とリハビリテーション
認知症があってもしっかりリハビリを行う
124

4-22 若年性認知症のリハビリテーション
若年性認知症の場合のリハビリはどうなる?
126

4-23 支援の担当者
認知症支援者にはどんな人がいるか(一覧)
128

column04 家で本人も参加してのサービス担当者会議とは?　　130

PART 5

サービスⅡ
**身近にある多様なサービスを
もっと活用する**

5-1 地域の身近な支え
認知症の人と家族をサポートする地域資源 132

5-2 認知症の生活支援のための機器類
生活のしづらさを解消する便利グッズ 134

5-3 見守り機器
本人の安全を守る見守り・危険防止機器など 136

5-4 居住環境の整備
異食や不潔行為などを防ぐための屋内工夫 138

5-5 ドールセラピー
本人のBPSDを和らげる人形など 140

5-6 介護保険の福祉用具貸与
介護保険等でレンタル可能な認知症対応機器は? 142

5-7 SOSネットワーク
本人が外に出た場合に誰が捜索してくれる? 144

5-8 認知症サポーター
全国で1400万人規模の認知症サポーター 146

5-9 認知症カフェ①
「認知症カフェ」による地域での居場所づくり 148

5-10 認知症カフェ②
地域にあるさまざまな「認知症カフェ」を探す 150

5-11 コミセン活動
本人が進んで参加できる場をもっと探す 152

5-12 地域での取り組み
認知症の人がお世話する側となる取り組みも 154

5-13 主体的な本人発信
認知症の本人によるミーティングや相談支援 156

5-14 ピアサポート活動
ますます重要になるピアサポート活動 158

5-15 認とも
認知症カフェから発展した「認とも」とは? 160

5-16 家族介護者の会
家族同士が思いを語るさまざまな家族会 162

5-17 仕事と介護の両立支援①
改正によって使いやすくなった介護休業制度 164

5-18 仕事と介護の両立支援②
介護休業中は介護休業給付が受けられる 166

5-19 預かりサービス
急な私用で家を空ける場合などはどうする? 168

column05 認知症による行方不明者を探すさまざまな取り組み 170

PART 6

サービスⅢ
認知症の人のための
お金と権利擁護

6-1　初期の支援にかかるお金
認知症支援にかかるお金を整理しよう　　　172

6-2　介護保険サービスにかかるお金
介護保険サービスにかかる自己負担とは?　　　174

6-3　高額療養費・高額介護サービス費
自己負担がかさむなか払い戻されるお金もある　　　176

6-4　高額医療・高額介護合算療養費制度
まだまだある負担軽減のためのしくみ　　　178

6-5　自治体の助成金①
介護保険サービスの利用者負担の一部を助成　　　180

6-6　自治体の助成金②
配食や理美容サービスへの費用助成もある　　　182

6-7　民間の介護保険
さまざまな費用負担を民間の保険でまかなう　　　184

6-8　損害賠償責任保険
認知症の人による事故　損害賠償をどうする?　　　186

6-9　消費生活センター
認知症の人が消費者被害にあった場合は?　　　188

6-10　クーリングオフ制度
消費者被害にあったらクーリングオフも活用　　　190

6-11　成年後見制度
成年後見制度のしくみと法定後見の手続き　　　192

6-12　任意後見制度
任意後見のしくみと利用のしかた　　　194

6-13　後見制度支援信託
後見制度のオプション　後見制度支援信託とは?　　　196

column06 成年後見制度に不安あり 国の対策はどうなっている?　　　198

巻末資料

「認知症チェックリスト」と「認知症ケアパス」　　　200
毎日の生活をより楽に楽しくする工夫　　　202
認知症施策推進大綱の全体像〜2019年6月18日策定〜　　　204
認知症の人の「運転」をめぐる課題と対策　　　208
介護保険サービスの利用にかかる費用について　　　210
高額療養費制度について　　　214
認知症施策推進基本計画策定に向けた今後のスケジュール　　　216
「共生社会の実現を推進するための認知症基本法」概要　　　217
障害者に対する助成など　　　218
認知症とともに生きる希望宣言　　　219
認知症の人と家族の会　全国電話相談連絡先　　　220
認知症疾患医療センターの連絡先　　　222

PART

実例紹介

認知症の人を支える地域のしくみ

1-1 認知症の発症

何もわからないなかで
どこに相談すればいい?

  最寄りの地域包括支援センターや地域の認知症疾患医療センターへ。かかりつけ医でもOK

○ 妻が認知症!? ある深夜ひとりで外に……

　大山郁子さん（仮名・75歳）は、夫の繁さん（仮名・79歳）と2人暮らし。最近、郁子さんは物忘れがひどくなり、同じスーパーに一日に何度も出かけては、同じものを買ってくるということがあります。

　繁さんは「もしかしたら、妻は認知症では？」と考えましたが、誰にどう相談していいかもわかりません。

　そんななか、郁子さんの症状は日を追って進み、ある深夜、繁さんが寝ている間に、パジャマのまま外に出て行ってしまいました。

　幸い近所のAさんが犬の散歩がてら郁子さんを見つけ、家まで送ってくれました。Aさんは、認知症サポーター養成講座を受けていて、外出して帰れなくなった認知症の人を自宅に送り届けた経験があります。

○ ご近所のアドバイスで相談の電話を入れた

　郁子さんが「認知症である」ことに気づいたAさんは、繁さんに「地域包括支援センター（以下、包括）に連絡して、医療や介護サービスなどの手配をしてもらったほうがいい」とアドバイスしました。

　これまで介護などとは無縁だった繁さんは、当初気乗りしませんでした。しかし、郁子さんの昼夜逆転に付き合うなかで、繁さんも疲労がたまり、「このままでは倒れてしまう」と考えるようになりました。

　そして、Aさんに教えてもらった包括の連絡先に電話を入れたのです。

PART **1** 認知症の人を支える地域のしくみ

認知症の疑いがある際の相談先

家族が認知症!?

どこに相談すればいい?

🔈 最寄りの地域包括支援センター(包括)

おおむね中学校圏域にひとつ。自治体の広報などで連絡先確認を

🔈 本人のかかりつけ病院の担当医

地域の認知症サポート医につなげてくれることもある

🔈 市区町村の高齢者支援窓口

認知症総合支援事業の開始にともない、認知症相談の専門窓口も

🔈 民生委員や地域の認知症サポーター

専門機関に自ら相談しにくいという場合に、中継ぎの役割

🔈 認知症外来などをうたう医療機関

認知症サポート医などによる専門的な医療提供

---

mini
Column **新たに国が推し進める「伴走型支援」**

国は、2021年度から「認知症伴走型支援事業」をスタートさせました。これは、地域の認知症グループホームや特養ホームなどの介護サービス資源を活用し、本人支援や家族への助言・サポートなどを「継続的」に行うというものです。本人や家族にとっては「伴走者」となってくれる存在と位置づけられます。

電話ではBさんという担当者が応対し、以下のようにいいます。
「まずご本人と旦那様に面談したいのですが、こちらに出向かれるのも大変と思いますので、私どもから3名で伺います」

○ 認知症初期集中支援チームによる訪問

　日取りを決めて、大山さんのお宅に保健師、社会福祉士、介護福祉士の3名が訪れました。自己紹介によれば、市が運営している認知症初期集中支援チームのメンバーだといいます。

　その場には繁さんだけでなく、郁子さん本人も同席しました。繁さんはやや不安でしたが、介護福祉士の対応で本人も落ち着いており、相手の質問にもきちんと答えています。繁さんは「さすがプロだな」と思いつつ、張り詰めていた気分が和らぐのを感じました。

1−2　介護保険の活用

介護サービスへの引き継ぎ 本人は拒否しているが……

 初期集中支援チームの支援により、本人が抵抗なく使えるサービスへの引き継ぎを

○ 支援チームによるアドバイスでほっと一息

　前例の大山繁さんは、認知症初期集中支援チームによる相談支援やアドバイスによって、だいぶ気分が楽になってきました。

　支援チームから妻のかかりつけ医（郁子さんは膝痛の治療で外科に通っています）に対し、「診療上の配慮」なども連絡してもらいました。

　とはいえ、認知症の郁子さんと24時間接する状況が続くかぎり、繁さんの介護疲れはなかなか解消されません。支援チームとしては、やはりデイサービスなどの介護保険サービスにつなげ、繁さんのレスパイト（休息）機会を設けることが望ましいという旨を説明しました。

○ デイサービスを拒否する郁子さん。そこで……

　しかし、郁子さんは「デイサービス」がどういうものか理解することが難しく、「知らない人がたくさんいる所など行きたくない」といいます。

　繁さんも「本人が嫌がっているのに、無理に送り出すのはつらい」とのこと。そこで、支援チームから出されたのが「小規模多機能型居宅介護というサービスがある」という提案でした。

　これは、訪問、通い、泊まりを本人の状況や意向に合わせて、柔軟に組み合わせていくというサービスです。まず、要介護認定を受けたうえで、「お試し」として事業所から女性スタッフがひとり訪ねてきました。

　郁子さんは昔、音楽教師をしていた経験があり、ピアノ演奏ができま

15

認知症初期集中支援チームから各種サービスへの流れ

```
認知症初期集中支援チーム
        ↓
おおむね6カ月の支援。その間に……
   ↓         ↓         ↓
```

認知症サポート医の紹介と認知症診療へのつなぎ	要介護認定の手配とケアマネジャー等へのつなぎ	認知症支援にかかる各種地域資源の紹介など
本人の「かかりつけ医」との連携も	介護保険サービスのスムーズな利用へとつなげる	地域の多様な支えで本人と家族の生活をサポート

担当によって「家族が何度も同じ説明をする(あるいは受ける)」といった手間にならないよう、情報共有もしっかりと

---

mini Column　より「切れ目ない支援」——認知症リンクワーカー

認知症初期集中支援では、「切れ目ない支援」によって医療や介護のサービスへとつなげていくことが目指されます。ただし、サービスへの「つなぎ」がうまく行かずに支援が途切れるケースも見られます。これをカバーするべく、本人や家族に継続的に寄り添う認知症リンクワーカーというしくみが一部の自治体で導入されています。認知症の人と家族の会も制度化を求めています。

す。スタッフはその情報を事前に繁さんから聞き、「ぜひスタッフにピアノを教えてほしい」と申し出ました。

○ スタッフとの「なじみの関係」から少しずつ

　それでも最初、郁子さんは遠慮していましたが、同じスタッフが何度か訪ねるうちに少しずつ「なじみの関係」を築いていきました。

　郁子さんは、相手が誰であったかは忘れてしまうのですが、「この人には会ったことがある」という安心から警戒感が解かれていったのです。

　そのタイミングで、スタッフは「旦那様と一緒にうちのお茶会へどうぞ」と誘い、最初は夫婦同伴で事業所を訪ねることに。そこでスタッフと一緒にピアノの前に座り、やがて自発的にひくようになりました。

　こうして、郁子さんのサービス利用が始まったのです。

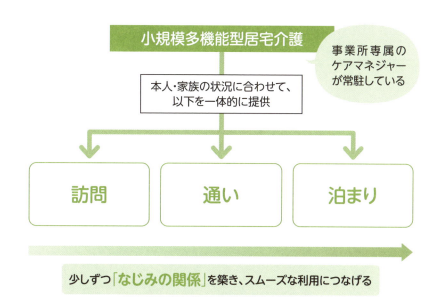

1−3　日々の緊急事態

認知症につきまとう
さまざまな事故不安を解消

 外出感知器などのほか、見守りネットワークなどに登録して地域全体での見守りを図る

○ 家族が目を離したすきに本人がひとりで外へ

　川北佳子さん（仮名・52歳）は、父親の将司さん（仮名・80歳）と2人暮らし。将司さんは1年ほど前から認知症の症状を見せ始め、日中佳子さんがパート仕事に出ている間は、デイサービスや訪問介護などの介護保険サービスを使いながら、サポートを受けています。

　とはいえ、認知症が進むうちに困った問題が生じるようになりました。

　夕方以降、佳子さんと将司さんが2人になったとき、ふと目を離したすきに将司さんがひとりで外に出て行ってしまうことがあるのです。

○ オートロックや徘徊感知器なども備えたが……

　玄関は施錠していて、誰かが出入りする際にはセンサーが反応して、佳子さんのスマホに知らせる徘徊感知器などを備えています。

　しかし、将司さんが自分で施錠を解いてしまうこともあります。また、感知器の反応に気づいたときには、将司さんはもう家の外に出ているというケースもありました。

　将司さんは年の割に歩くのが速く、家の周囲は狭い道が入り組んでいるので、すぐに気づいても見失いがちです。

　鍵をオートロック式のものにしたこともありますが、「外に出られない」というストレスが本人の不穏状態を強めるので、今は普通の施錠に戻しています。

PART 1 認知症の人を支える地域のしくみ

認知症にともなう不安を解消するサービスやツール

認知症の人の家族が抱えるさまざまな不安

目を離したすきに
ひとりで外に出て行って
帰ってこれなく
なったら？

薬を飲み忘れたり、
食べ物でないものを
口にしたり、火事を
起こさないか不安

家族の不在時でも本人の動向をスマートフォンで確認できる装置、徘徊感知器や衣服や靴に装着できるGPS、地域の見守りネットワークへの登録など

音声で服薬時間を知らせる装置、危険物を入れた戸棚の取っ手を取り外しできるしくみ、音声アラームがついた自動消火装置付きガスコンロなど

機器類の場合、介護保険の福祉機器レンタル※のほか、自治体独自で貸し出しているものもある。担当ケアマネジャーや行政の高齢者支援担当窓口などに相談をしよう

※徘徊感知機器の場合、要介護2以上でないと原則としてレンタルできない。また、スマホに感知情報を送信するシステム部分は給付対象外

mini Column　全国の見守りの取り組み事例11を厚労省が紹介

2017年1月、厚労省は行方不明の早期発見に向けた「市区町村・地域による取組み事例」を紹介しました。たとえば、群馬県沼田市の小学生や地域FM局も捜索に協力するという取り組み、愛犬家による「いつもの犬の散歩」の機会を利用して認知症高齢者への声かけを行うという活動など、地域ネットワークの特性を活かした11の事例が示されています。

○ 地域の見守りネットワークに登録して安心

　担当ケアマネジャーに相談したところ、市で行っている「認知症見守りネットワークに登録してはどうか」と提案されました。

　これは、本人の氏名・住所や顔写真などを登録し、同時に本人の服の襟や靴底に装着できるGPS端末をレンタルするというものです。

　本人が出て行ってしまった場合、家族から市の担当へ連絡を入れます。すると、GPSで本人の居場所を確認しつつ、各町内会や公共交通機関に情報を伝えて早期に保護してもらえるというしくみです。

　また、近隣には見守りネットワークの捜索ボランティアを行っている人がいます。その人に相談したところ、佳子さんの許可を得たうえで、ご近所に「将司さんがひとりで歩いている姿を見かけたら声をかけ、佳子さんのスマホに連絡してもらう」という体制を整えました。

　地域ぐるみの支えが、今では佳子さんの強い安心につながっています。

地域の認知症支援

認知症高齢者の安全を確保する地域でのさまざまな取り組み

タクシーや宅配便、コンビニなどが連携して認知症の人の早期発見に協力

町内会や地元サークル、子ども会などが捜索模擬訓練などを行いつつ、いざというとき活躍

防災無線や地元のFM局、行方不明者情報を一斉送信できるスマホアプリなどの活用

| 1-4　消費者被害の防止 |

詐欺商法などの心配も
財産管理をどうするか?

 成年後見制度を使うのか、それ以前の支援はないのか……迷いがちななか、まずは相談窓口へ

○ 明らかな認知症ではないが、不安な状況も

　常盤英子さん（仮名・73歳）は、5年前に夫を亡くしてからひとり暮らしです。息子の秀夫さん（仮名・45歳）は、隣県で妻と娘の3人で暮らし、3カ月に1回ほど母親である英子さんの様子を見に訪れます。

　最近、秀夫さんは、英子さんを訪ねるたびに同じ話を繰り返し聞かされたり、昨日何をしたか、何を食べたかなどが「思い出せない」という訴えを聞くことが増えました。明らかな認知症とまでは行かないものの、判断能力も少しずつ衰えているようです。

　ひとり暮らしの高齢者などを狙う「振り込め詐欺」や「詐欺商法」などが増えている昨今、秀夫さんは「何か手を打たないと」と考えました。

○ いきなり成年後見制度とまでは行かないが

　知り合いの司法書士に話をしたところ、「判断能力が一定以上失われているなら成年後見制度を使う方法もある」といいます。

　また、いきなり成年後見ではなくても、本人の判断能力に応じて保佐や補助というしくみもあり、本人の日常的な契約能力がまったくなくなるわけではないという話も聞きました。とはいえ、家庭裁判所への申し立てや審判、登記が必要になるなど心理的なハードルが低くありません。

　秀夫さんは、「将来的に成年後見制度を使うにしても、今の母の状態でもっと活用しやすいしくみはないだろうか」と考えました。

21

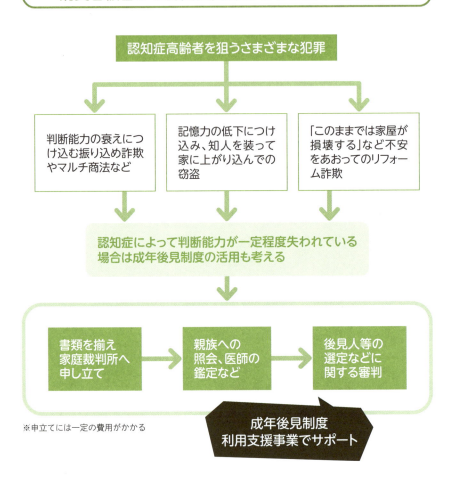

消費者被害から認知症高齢者を守る成年後見制度

Mini Column 成年後見制度利用支援事業もスタート

「成年後見制度とは何か」「申し立てや後見人にかかる費用が工面できない……」こうした相談に乗りつつ、利用に向けた支援（例：身近な親族がいない場合などの首長申し立てにかかる費用助成など）を行う事業が始まっています。また、2024年度からは、他の権利擁護事業から成年後見制度へと円滑につなげるための連携事業などもスタートすることになりました。

○ 身のまわりのことに始まり「切れ目」のない支援へ

　先の司法書士に聞くと、「それなら地域包括支援センター（包括）に相談してみたらどうだろう。英子さんが住む市町村では、権利擁護にかかる相談にも力を入れているらしいよ」とアドバイスしてくれました。

　そこで、包括に連絡してみたところ、「ご本人に一定の判断能力があるなら、生活支援員による日常的な金銭管理などを担ってもらうこともできます」とのこと。最近では、成年後見制度が必要な状況になっても「切れ目」なく支援してくれる人材育成も進んでいるそうです。

　秀夫さんは英子さんとともに、包括の仲介で社会福祉協議会に所属する生活支援員と面談しました。契約にもとづいた金銭管理だけでなく、定期的な訪問による見守りや生活状況の把握もしてくれるといいます。

　また、チームで取り組みつつ、成年後見制度などが必要なタイミングなどについてアドバイスもしてくれるそうです。「これなら安心」と秀夫さんもほっと一息です。

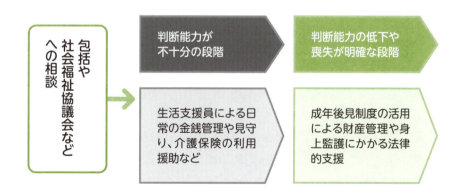

「切れ目」のないサポートの流れ

| 1-5　お金をめぐるサポート |

親が認知症になったら お金の管理をどうすれば?

 判断能力が著しく低下すると、本人の銀行口座が凍結されることも。そんなとき活用したいサービスが……

○ 認知症になると本人口座は凍結される!?

　山形進さん（仮名・56歳）の母の八千代さん（仮名・88歳）は、郷里で一人暮らしをしています。八千代さんは、身の回りのことは自分で十分できますが、最近些細な物忘れが見られます。

　ある日、進さんは、知人の親が認知症になり、本人の口座が凍結されて医療費などの支払いに苦労したという話を聞きました。

　「母が認知症になったら、同じことになるのでは……」と考えた進さんは、母の口座がある金融機関に相談してみました。

○ 家族が代理となってお金の手続きが可能

　その金融機関では、口座のある本人が認知症になったときのことを想定したサポート信託のサービスを行っています。

　系列の信託銀行に金銭を預けたうえで、3親等内の親族のなかからさまざまなお金の手続き（本人の介護・医療費や日用品の支払いなど）を行う代理人を指定しておくというしくみです。

　本人が認知症になった場合、その診断書などを提出することで、代理人がお金の手続きを行うことができます（これはあくまで一例で、金融機関によって、サービス内容はさまざまです）。

　「いざとなったら成年後見制度を使えるが、その前に活用できるサービスも結構あるんだ」と進さんはリサーチを重ねています。

PART 1 認知症の人を支える地域のしくみ

さまざまな信託サービスの一例

● 本人が認知症になる前に……

| 信託銀行等に
お金を預ける | | 手続き代理人
(3親等親族など)を決める |

● 金融機関ごとのサービス例

みずほ信託銀行の「認知症サポート信託」

本人が認知症になったら、認知症診断を受ける
↓
代理人が診断書を提出し、本人の払い出しを制限
↓
代理人の請求によって、必要な費用を払い出し

三菱UFJ信託銀行の「つかえて安心」

本人が認知症になったら……
↓
代理人がスマホアプリで払い出し請求できる
↓
使途内容は登録した親族にも通知される

---

mini Column 金融取引の代理等に関する銀行の考え方は？

2021年2月、全国銀行協会が「金融取引の代理等に関する考え方」などについての取りまとめを行いました。具体的には、認知機能が低下した顧客に対しての銀行側の対応ですが、たとえば代理権を付与されていない親族(無権代理人)の場合、本人の医療費の支払い手続きをその親族が代わりに行うなど、本人の利益に適合することが明らかな場合に限り、依頼に応じることが示されています。

> 1-6 地域での暮らし

地域ぐるみの支援で本人らしい暮らしを

結論 認知症総合支援事業の完全スタートにより、「認知症カフェ」や「ボランティアの育成」が進む

○ 多人数のデイサービスになじめない人も……

　藤波涼子さん（仮名・68歳）は、1年前から認知症の夫・信武さん（仮名・72歳）を介護しています。介護保険のデイサービスなども使っていますが、多人数が集まる場になじめないのか時々通うのを拒否します。
　担当ケアマネジャーもサービス調整に頭を悩ませていましたが、近所に「認知症カフェ」が開設したのを聞き、涼子さんに「お二人で一緒に行かれてはいかがですか。私も同席します」と勧めました。

○ 認知症の人自らも「役割」を果たせる場として

　涼子さんは「認知症カフェ」はよく知りません。ただ、ご近所にあって顔なじみの人もボランティアをしているということなので、「散歩がてらに行けば本人のストレスも解消されるかも」と訪ねてみました。
　そこは10坪程度のこじんまりしたスペースで、認知症の人自身もコーヒーを注いで回ったりして、「自分の役割」を見つけています。
　また、家族同士が「それぞれの介護体験」などを打ち明けることで、「わかり合える人がいる」という安心感を手にできます。時々、**認知症サポート医**も同席するので、ざっくばらんに相談することもできます。
　信武さんは、最初はきょろきょろと落ち着きがありませんでしたが、そのうちボランティアの人と歓談するようになりました。涼子さんは「また来ましょうね」と信武さんにいうと、本人は笑顔でうなずきました。

26

PART 1 認知症の人を支える地域のしくみ

〈認知症カフェQ&A〉 認知症カフェってどんな所？

いつやるの？
月に1～2回の頻度で2時間程度の開催。参加者が都合をつけやすいよう、夜間に開催するケースもある

どこでやるの？
公民館やデイサービスの休日を利用して実施。大手外食チェーンが場を提供したり教会などのスペースを活用したりする例もある

何をするの？
特に決まっておらず、参加者の主体性を尊重。コーヒーを飲んだりお菓子を食べたり……家族同士が介護体験を語り合うこともできる

さらに発展……

認知症カフェで顔見知りとなった人のお宅にボランティアが訪ねていく「認とも」や「家族介護者教室」、「本人・家族同士のピア活動」の開催への誘いにつながることもある

参加費は、有料の場合でも100円～300円程度(飲み物代)です

Column コロナ禍を経て……「認知症カフェ」の現在地

新型コロナの感染拡大で認知症カフェの多くも休止したり、オンライン開催に切り替えていました。ポスト・コロナの現在は、新たな開設事例も増え、運営の考え方も多様化しています。2023年3月には、そうした現状をまとめた「認知症カフェの類型と効果に関する調査研究」も公表されました。たとえば運営継続に不安がある場合、ミニ講和など柱になるプログラムの考案などが提案されています。

認知症の人が尊厳と希望を持てる社会へ
共生社会の実現を推進するための認知症基本法とは？

　2023年6月の通常国会で、「共生社会の実現を推進するための認知症基本法」が成立し、2024年1月から施行されています。

　与野党一体の議員立法であるとともに、全会一致での成立となった点で、国をあげて「認知症の人が尊厳と希望を持って暮らすことができる社会づくり」を進める土台が築かれたことになります。

●新法に則った施策と関係者の会議

　主な基本施策は8項目あり、注目されるのは、「認知症の人に関する国民の理解の増進等」や「認知症の生活におけるバリアフリー化の推進」、「認知症の人の社会参加の機会の確保等」、「認知症の人の意思決定の支援および権利利益の保護」をうたったことです。

　さらに、こうした施策を策定・推進するための国の機関においては、認知症の本人および家族などによって構成される関係者会議を設置し、当事者から意見を聞くことが必要となります。

●本人の意思決定が大きな柱となる

　認知症の人自らが、自分が暮らす社会のあり方や参加に関して意思決定が尊重されたのは大きな前進です。今後は、日々の本人支援のあり方についても、まずは**本人の意思決定**が重要になり、その意思決定を支援するための関係者向けのガイドラインも定められました。

　また、このガイドラインを普及させるためのリーフレットも作成され、厚労省のHP上で公開されています。

PART

基礎知識

認知症とはどんな病気なのかを知っておこう

2-1 認知症の基礎知識

そもそも認知症とはどんな病気なのか？

結論 認知症とは、脳の神経変性疾患などによって、記憶力や判断力に支障が生じる病気

○ 認知症の約6割を占めるのがアルツハイマー型

　認知症をひと言でいえば、「神経変性疾患、その他の疾患」により、日常生活に支障が生じる程度まで認知機能が低下した状態をいいます。
　神経変性疾患とは、脳の神経細胞が徐々に損傷（これにより脳が委縮）していく病気で、認知症の原因疾患のうち約6割を占めるアルツハイマー病が代表的です。そのほかの疾患には、たとえば脳血管疾患があります。脳の一部に血が流れなくなり、その部分が働かなくなる状態です。

○ アルツハイマー型は「短期記憶」から損傷する

　では、脳のどの部分から萎縮が始まるのかといえば、人の記憶をつかさどる**海馬**という部分です。この海馬は、コンピュータでいえば「情報を入力する装置」にあたります。したがって、新しい記憶を入力することが難しくなるというのが、アルツハイマー型の初期の症状です。
　一方、昔の情報を保管しておくのは、脳のなかでも**大脳皮質**という部分です。この部分の損傷は、海馬よりも後になります。
　そのため、比較的新しい記憶（**短期記憶**）が失われていても、ずっと昔の記憶（長期記憶）は後々まで保たれていることがあります。
　アルツハイマー型認知症の人で、「今ご飯を食べたかどうか」は忘れてしまうのに、「若かったころのことは覚えている」ということがあります。これも、脳の損傷部分が異なっていることから生じる現象です。

PART 2 認知症とはどんな病気なのかを知っておこう

アルツハイマー型認知症の脳

初期段階 〜〜〜→ 徐々に進行

海馬の損傷  大脳皮質など脳全体の萎縮

「記憶を入力する」機能が損なわれる。つまり短期記憶が少しずつ障害される

「長期記憶」の保管機能や「判断力」「見当識」などをつかさどる機能も損なわれていく

MCI（軽度認知障害）
日常生活に支障をきたさない状態でも脳の損傷が始まっていることもある

アルツハイマー型の場合、長期記憶は後々まで保たれることもあります

---

mini Column 2020年の法改正で「認知症の定義」が変わった

2020年に介護保険法が改正され、そのなかの認知症に関する条文内で「認知症の定義」が変更となりました。改正前は、アルツハイマー病や脳血管疾患をひとくくりにして「脳の器質的な変化」としていました。これが、改正後は「神経変性疾患、その他の疾患」と区別されました。これは、近年の認知症研究によってわかったことを反映したものです。また、改正前は「記憶機能の低下」が強調されていましたが、認知症の症状が記憶機能低下だけではないという点で、これが削除されています。

○ 忘れていくことへの「不安」を周囲がケアしたい

　アルツハイマー型認知症の場合、こうした脳の損傷（萎縮）は、比較的ゆっくりと（「らせん階段」を下りるように）進行していきます。

　先に述べたように、多くは短期記憶の障害から始まりますが、その後は見当識や判断力が低下します。見当識というのは、自分がいる場所や時間、目の前にいる人を認識する能力のことです。

　こうした進行が「ゆっくりである」ということは、短期記憶が失われつつあっても、「忘れてしまう自分」を意識する能力は残っていることがあるわけです。当然、本人は強い不安に襲われるでしょう。

　だからこそ、初期の段階から周囲の人が寄り添って、安心をもたらすことが大切になります。

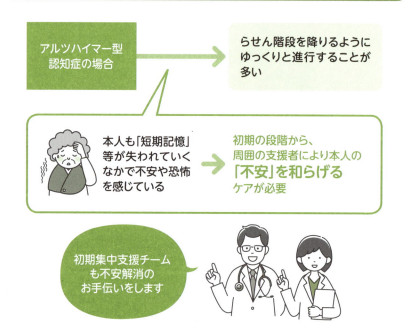

アルツハイマー型認知症患者の心理と適切なケア

2−2 認知症の種類

アルツハイマー型以外にどんな認知症があるか?

 結論 ほかに多いのは、脳血管性、レビー小体型、前頭側頭型など。それぞれの特徴を押さえたい

○ 認知症の主なタイプには4つある

　認知症の原因疾患には、神経変性疾患であるアルツハイマー病のほか、主だったものとしては**脳血管疾患**、**レビー小体症**があります。
　また、アルツハイマー病と同じく「神経変性」をもたらす疾患としてピック病などがあり、これによって前頭葉や側頭葉前方の萎縮が見られる認知症を、**前頭側頭型認知症**といいます。

○ アルツハイマー型の次に多い脳血管性認知症

　脳血管性認知症は、アルツハイマー型の次に多く認知症全体の2〜3割程度を占めています。これは、脳梗塞などの脳血管疾患が原因となり、それによって神経細胞が部分的に障害を受けることで発症します。
　脳血管のどの部分がダメージを受けるかによって、障害を受ける脳の部位は変わり、同時に症状も変わってきます。
　たとえば記憶をつかさどる部分が障害を受けても、判断力をつかさどる部分は正常ということもあります。「物忘れ」はあっても、「物事をきちんとこなす」という能力は保たれるといった状態になるわけです。
　また、アルツハイマー型が比較的緩やかな進行をたどる一方で、脳血管性は「大きな段差を下る」ように、急に症状が悪化することがあるのが特徴です。また、午前中は症状が軽くても夕方になると悪化するという具合に、一日のうちでも状態が変化することがあります。

33

なお、アルツハイマー型など、ほかの認知症とあわせて発症することもあるので、専門医による診断を受けることが求められます。

○ 幻視などが現れやすいレビー小体型認知症

レビー小体型は、脳のなかに「レビー小体」というたんぱく質がたまることで、神経細胞が壊れるというタイプの認知症です。

異常なたんぱく質が脳にたまるという点ではアルツハイマー型と似ていますが、レビー小体によって損傷を受けやすい脳の部位があります。

それが**後頭葉**や**脳幹**といわれる部分です。前者は主に視覚をつかさどり、これが損傷されると「そこにはないものが見える」（**幻視**）といった症状が現れます。後者では**歩行機能**が障害され、パーキンソン病と同じような症状が現れることがあるのが特徴です。したがって、進行するとともに**転倒**や**衝突**などの事故が生じやすくなったりします。

○ 反社会的行動をとることもある前頭側頭型

前頭側頭型も、脳内に異常なたんぱく質が発生することで生じます。ただし、主に損傷を受ける脳の部位が、**前頭葉**と**側頭葉**に集中します。

前頭葉は、感情や理性をつかさどる部分で、これが損傷を受けると人格が変わったり反社会的な行動をとったりします。たとえば、前頭側頭型認知症の人が「万引き」などをしてしまうケースが見られます。

側頭葉は聴覚や味覚などをつかさどる部分です。これが損傷を受けることで、食習慣などに極端な変化が生まれることもあります。

ちなみに、前頭側頭型は難病に指定されています。ほかの認知症と比べると対象者は少ないのですが、「反社会的な行動をとる」などの症状があるゆえに介護負担がとても大きくなることがあります。

PART 2　認知症とはどんな病気なのかを知っておこう

認知症4つの主なタイプ

アルツハイマー型
記憶障害、見当識や判断力の低下。比較的緩やかに進行するのが特徴

脳血管性
記憶障害はあっても判断力などは保たれるなど、「まだら」な症状が特徴

レビー小体型
記憶障害よりも幻視や妄想が出やすい。パーキンソン病のような症状も

前頭側頭型
人格や習慣、嗜好などが急に変わってしまう。反社会的行為を見せることもある

認知症タイプ別の比率

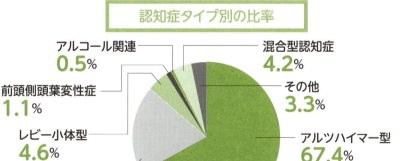

- アルコール関連 0.5%
- 混合型認知症 4.2%
- 前頭側頭葉変性症 1.1%
- その他 3.3%
- レビー小体型 4.6%
- アルツハイマー型 67.4%
- 血管性認知症 18.9%

出所:国立長寿医療研究センター

| 2-3 中核症状とBPSD |

認知症で現れる症状の意味とは?

 結論　認知症になると、脳が損傷を受けることで本来的な症状「中核症状」がまず現れる

○ 中核症状と行動・心理症状の違いについて

　認知症にはさまざまなタイプがありますが、いずれも脳が損傷を受けることによる症状がまず現れます。これを「**中核症状**」といいます。

　もっとも多いアルツハイマー型でいえば、記憶障害や見当識障害、判断力や理解力の低下などという具合です。

　では、言動が荒くなったり、夜中に外へ出て行ってしまったり、不潔行為などといった行動をとるのはなぜでしょうか。

　これらは、認知症本来の症状というより、さまざまな環境上の刺激などが加わることにより生じることがほとんどです。これを「**認知症行動・心理症状（BPSD）**」といい、中核症状とは異なるものです。

○ なぜ行動・心理症状が生じるのか？

　本人に記憶障害や見当識障害という中核症状が出ているとします。たとえば、デイサービスなどに来ていても、その場所が認識できなかったり、そこに来ている目的を忘れてしまったりします。

　そのとき、近くにいる人（介護職など）の言動などによっては、「自分は無理やり連れてこられたのではないか。家に早く帰らなくては」と考えるでしょう。そこで「家に帰る」ために、表に出ていこうとします。これが、他者から見た場合に「徘徊（離設）」と映ることになります。

　つまり、「自分の認識」と「周囲の状況」のつじつまを合わせよう

PART 2 認知症とはどんな病気なのかを知っておこう

アルツハイマー型認知症の場合にみられる症状

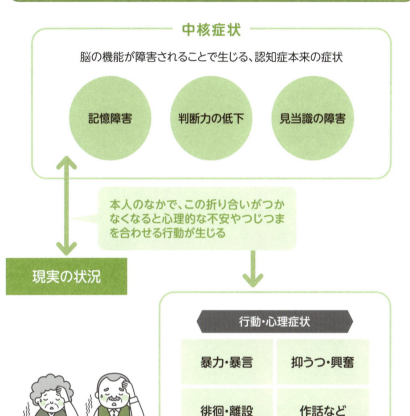

mini Column 不潔行為などもBPSDによるものなのか？

見当識障害がある場合、尿意や便意を感じても「トイレに行って排せつする」という判断に結びつかないまま、失禁してしまうことがあります。そのとき、汚れた下着などへの不快感はあるので、その不快感を取り除くために脱いでしまう。そして、「どう処理をすればいいか」という判断が衰えていれば、戸棚などにそのまま隠してしまったりします。これも自分の認識と現実の折り合いがつかないことによる行動といえます。

いう行動が、まわりから見て「異常」ととらえられてしまうわけです。

○ 中核症状を明らかにし、周囲が適切な対応を

　もちろん、前頭側頭型のように、脳の損傷部位によって本人の人格が変わってしまうこともあります。しかし、それが本当に「認知症本来の症状（つまり、中核症状であるかどうか）」については、専門医によるきちんとした診断を受けなければ、判断することは難しいでしょう。

　仮に、それが中核症状でない場合、周囲の配慮やケアによって本人が安心を得られ、言動や行動を穏やかにできる可能性もあります。

　精神薬などの薬に頼るのではなく、本人への接し方や環境を整えることにより、認知症の症状の改善につながるケースもあるわけです。こうした周囲の支援のあり方に、もっと目を向けることが大切です。

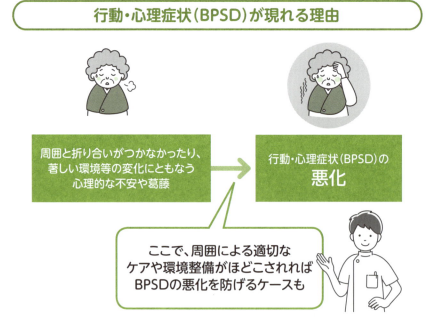

行動・心理症状（BPSD）が現れる理由

2-4 BPSDを悪化させる原因

どのような場合にBPSDは悪化する?

 結論 周囲の環境や接し方だけでなく、本人の持病の悪化などが大きく影響することもある

○ 五感に与える刺激が不安を助長するケース

　認知症の行動・心理症状（BPSD）は、中核症状が進み、本人と周囲の折り合いがつかなくなるなかで生じやすくなります。

　言い換えれば、中核症状（記憶障害や見当識、判断力の衰えなど）が進んでいても、それだけでBPSDが悪化するとは限りません。

　たとえば、見当識の障害によって「自分が今どこにいるのかわからない」という不安が生じやすくなっているとします。

　ここに、人間の**五感**（聴覚、視覚、嗅覚など）に不快感を与える環境が加わると、不安が助長されてBPSDが悪化しやすくなるわけです。

○ 身体内部の問題もBPSD悪化の原因に

　人を不快にさせる刺激といえば、周囲の環境だけではありません。

　持病などがある場合、痛みやだるさ、つらさなどのように身体のなかからもたらされる不快感もあります。病気でなくても「尿意や便意」で落ち着きがなくなるのも、広い意味で不快感といえるでしょう。

　認知症の人の場合、こうした不快感が「身体のなかから生じている」とか「どうすれば解消されるのか」といった認識も衰えがちです。

　原因や解消法がわからない不快感が続けば、どんな人でも不安が高まり、ときにはパニックになることもあるでしょう。そのきっかけが、見当識の衰えによって生じやすくなっているというのが認知症です。

BPSDを悪化させやすい要素

中核症状の進行で
記憶力や見当識、判断力が低下

＋　　　＋　　　＋

五感に不快感を
与えるような
環境上の刺激

本人に恐怖心や
動揺を与える
言葉づかいや態度

持病などにより
本人の体のなかから
生じる不快感

↓　　　↓　　　↓

本人の不安・不快感が増幅されBPSDを悪化させる

その人をとりまく環境や身体の状態を把握することが大切です

Column 物盗られ妄想などがなぜ生じるのか？

認知症でよく見られるのが、「しまっておいた財布がない」などと騒ぎ、家族などを泥棒扱いするといった光景です。本人としては、残っている長期記憶だけを頼りに「ここに財布があるはず」と思い込んでいます。それが周囲の人によって否定されると、「そんなはずはない」→「皆で私を騙そうとしている」と考えてしまうわけです。本人が中核症状によって不安感を募らせている点に心を寄せ、「一緒に探す」など、意識的に相手との信頼感を高めながら不安を解消していくことが必要です。

PART ❷ 認知症とはどんな病気なのかを知っておこう

○ 人間関係で生じる不快感も増幅しやすい

　もうひとつ、人に不快感を与える要因に、人間関係があります。

　どんな人でも、他人から強い口調で言葉をかけられれば、それだけで不快な気持ちになるはずです。もっとも、その原因が理解できれば、たとえば「自分の態度が悪かったのだ」などという振り返りによって相手との関係を修復し、気持ちを静めることもできるでしょう。

　しかし、認知症の人は相手との間に生じている出来事を正しく認識することが難しくなっています。そのため、「強い口調」の攻撃性だけがクローズアップされ、相手への恐怖感だけが募りやすくなります。

　相手としては、「そこまで攻撃的に言ったつもりはない」と思っても、認知症の人にはBPSDを悪化させる十分な原因となるわけです。

周囲の認知症への理解不足もBPSDにつながる

周囲の人々
（家族や支援者も含む）

現実にもとづいた言動

認知症の人

認知症の人の安全などを確保するために「よかれ」と思って……

見当識や判断力の衰えにより、この「現実」の認識が難しい

このズレが認知症の人の混乱や動揺を生む

2-5 BPSDを改善させる方法

どうすればBPSDを改善できるのか?

 結論 本人が穏やかに過ごせる環境づくりのほか、本人の理解に立った対応や疾患の治療などが必要

○ BPSDの悪化を防ぐ「五感の刺激」

　行動・心理症状（BPSD）の悪化は、認知症の人を内外でとりまく状況が大きくかかわっていることを述べました。この点を頭に入れたうえで、どうすればBPSDを改善できるのかを考えてみましょう。

　環境面でいえば本人の心を穏やかにする「**五感の刺激**」を考えます。

　認知症介護の現場では、きれいな風景写真を飾ったり（視覚に訴える）、本人が昔よく聞いた音楽を流したり（聴覚に訴える）、アロマテラピーでくつろいでもらう（嗅覚に訴える）といった手段を意識的に取り入れています。ぬいぐるみの心地よい毛並みを触ってもらったり、ハンドマッサージを行ったりするケース（触覚に訴える）も見られます。

○ 相手の視野に注意しながら音声やタッチで

　対応についても、本人が相手に対して「警戒心を解いて信頼してもらえるか」がカギとなります。注意したいのは、認知症の人の場合、言葉による複雑な説明が理解しにくかったり、視野が狭くなっていて「相手の存在」を認識しづらかったりというケースがあることです。

　したがって、言葉で「自分はあなたの支援者です」と訴えても、なかなか警戒心を解いてくれないことがあります。また、狭くなった視界の外からいきなり触られたりすると、驚いて抵抗したりします。

　最初は、言葉の中身よりも「やわらかい音声や表情、やさしいボディ

PART ❷ 認知症とはどんな病気なのかを知っておこう

「五感」に訴えて気分をやわらげる

視覚 ▶
- きれいな風景写真
- 長期記憶に訴える飾り付け
- カラーセラピー　など

聴覚 ▶
- その人の長期記憶に訴える音楽
- 川のせせらぎや若葉のそよぐ音　など

嗅覚 ▶
- 穏やかな花の香り
- ご飯の炊けるいい匂い
- アロマテラピー　など

触覚 ▶
- ハンドマッサージ
- 心地よいぬいぐるみの毛並み
- 懐かしい絹の手ざわり

味覚 ▶
- 気分を落ち着かせる甘味など
※糖尿病などの持病を考慮する

その人のたどってきた生い立ちなどを考慮しつつ、常に「逆に不快にならないかどうか」に心を配りましょう

---

mini Column　栄養・口腔の状態や水分補給、服薬管理にも注意

私たちも「大きな持病はないが、どうも身体の調子が万全でない」と感じることがあります。たとえば、栄養不足や睡眠不足などは典型です。口腔ケア（歯磨き）がしっかり行われていないと、これも不快感につながります。熱中症シーズンで水分補給が不足すれば、意識がもうろうとする危険も生じます。服薬管理も、体調をしっかり維持するうえでは欠かせません。認知症の人にも同様のリスクがあることに配慮しましょう。

タッチ」というわかりやすい「親密さ」を意識することが大切です。

そのうえで、狭くなっている視野の範囲内にきちんと入って、相手が認識できていることをきちんと確認しながら、ゆっくりと接します。

○ 持病に対する療養をきちんと進めることも

さらに、疾患による痛みや不快感など、本人の身体のなかから影響を与えているものがないかどうかに心を配ります。家族であれば、本人の病歴などはある程度わかることも多いでしょう。

BPSDがなかなか改善されない場合は、何かしらの持病の影響もあるのでは？　という可能性を頭に入れます。そのことを主治医に伝えたうえで、（本人が通院を拒否するようなら、訪問診療・看護なども活用して）きちんとした療養管理ができるようにしたいものです。

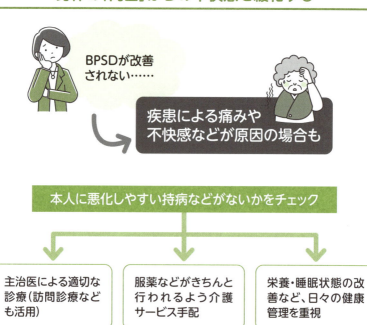

2-6 認知症の薬と治療

認知症の中核症状は改善できるのか？

結論 2023年12月に認知症新薬が保険適用に。それまでも処方されている薬は4種類

○ 認知症新薬に関する最新トピック

　認知症の主な原因疾患であるアルツハイマー病について、2023年12月に新たな治療薬が保険適用となりました。それが**レカネマブ**（製品名：レケンビ）という点滴によって投与される薬です。

　アルツハイマー病の原因とされているのが、アミロイドβという脳内に蓄積されるたんぱく質です。今回の新薬は、このたんぱく質を除去する働きがあります。この後で述べるように、認知症に処方される薬はいくつかありますが、認知症の原因物質に直接作用して、認知症の進行を抑えるという保険適用薬としてははじめてのものです。

　なお、アルツハイマー病の原因とされる物質には、アミロイドβのほかタウというたんぱく質もあります。これを除去する薬の開発も、現在進められています。将来的に保険適用薬がさらに増えるかもしれません。

○ もっとも多く投与される認知症薬・アリセプト

　従来から処方されてきた認知症薬は、4種類あります。

　もっともよく知られているのが、1999年に世界発の認知症薬として発売されたアリセプト（成分名・塩酸ドネペジル）です。これは、神経伝達を阻害する酵素の働きを妨げるものです。

　ちなみに、この**アリセプト**はレビー小体型認知症にも効果があるとして、2014年から適用が拡大されています。

アリセプトの働きに加え、神経伝達物質の放出量を増やすという薬が**レミニール**（成分名・ガランタミン）です。ここまでの2つは、主に軽度から中等度の認知症に対して処方されます。

現在処方されている4つの認知症薬

名称	基本的な働き	対象	特徴
アリセプト (成分名・塩酸ドネペジル)	神経伝達物質の働きを補ったりしながら、脳の機能低下を防ぐ	軽度～中等度	レビー小体型に適用も
レミニール (成分名・ガランタミン)		軽度～中等度	
イクセロンパッチ (成分名・リバスチグミン)		中等度以上	経口ではなく貼り薬
メマリー (成分名・メマンチン)	神経細胞を守ったり、その興奮を抑える	中等度以上	上記3つとの併用可能

出所：各製薬会社の情報をもとに筆者作成

 こうした認知症薬によって中核症状の進行を遅らせつつ
その間にBPSD改善のケアをしっかり行うことが重要

 Column　**手術で「治す」ことのできる認知症もある？**

認知症のなかには手術によって治すことができるものもあります。それが、脳血管性認知症のうち、慢性硬膜下血腫によるものです。これは、頭などをぶつけたときに頭がい骨と脳の間に血腫ができ、それが脳の働きを阻害して認知症の症状をもたらすものです。この場合、手術で（軽度の場合は薬で）血腫を取り除けば、認知症にともなう記憶障害などが改善する可能性があります。

PART **2** 認知症とはどんな病気なのかを知っておこう

○ 経口ではなく「貼り薬」タイプのものもある

　中等度以上になってから処方されるものには、まず**イクセロンパッチ**（成分名・リバスチグミン）があります。働きはアリセプトとほぼ同じですが、経口ではなく貼り薬という特徴があります。

　認知症の人のなかには、経口薬を提供しても吐き出してしまったりする人もいますが、貼り薬なら防ぐことができます。また、きちんと服用できているかを目で確認できるというメリットもあります。

　最新（2011年発売）の薬が、**メマリー**（成分名・メマンチン）です。こちらは先の３つとやや異なり、神経細胞側を守る効果があります。働きが異なるので、ほかの認知症薬との併用もできます。

　もちろん、いずれも処方薬ですから、一定の副作用もあります。服用に際して、認知症専門医からきちんとアドバイスを受けましょう。

現時点で治すことのできる認知症もある？

慢性硬膜下血種による認知症	手術等によって頭蓋骨と脳の間の血種を取り除くことで、認知症が改善することも
正常圧水頭症による認知症	早期に発見できれば、頭の中にたまった髄液を移動させる方法などがある
甲状腺機能低下症による認知症	病気のタイプにもよるが、治療薬によって改善が可能なものもある

2−7　認知症の新薬について

認知症新薬レカネマブはどのように使われるのか

 結論　MCIまたは軽度認知症と診断された人に、2週間に1回の点滴投与を原則18カ月実施

○ 投与を受ける前に医療機関での診断を

　2023年12月から保険適用された**新薬レカネマブ**は、アルツハイマー病の原因物質とされる脳内タンパク質（アミロイドβ）に直接作用するはじめての薬です。認知症の進行を抑えるという点で期待は高まります。ただし、対象となるのは、アルツハイマー病によるMCI（軽度認知障害）および軽度認知症の人に限られます。まずは、新薬の投与に該当するかどうかについて、医療機関での診断を受けることが必要です。

　投与については、2週間に1回、1時間ほどかけて通院での点滴によって行ないます。これを原則18カ月継続します。これにより、18カ月後に認知機能の低下が抑えられたという臨床結果が報告されています。

○ 新薬は高額だが、高額療養費の適用も

　注意したいのは、副作用も確認されていることです。投与の初期には頭痛、発熱、吐き気が現れることもあります。また、使い始めて数カ月以内には、脳の腫れや脳内に少量の出血が見られることもあります。

　そのため、数カ月に1回、MRI検査などを実施したうえで、投与を続けるかどうかの判断を医師にあおぐことが必要です。18カ月以降も継続をするかどうかについても、同様に判断されます。

　気になるお金ですが、体重50kgの人で新薬の費用は約298万円とされています。公的医療保険の適用により、患者負担はその1〜3割とな

ります。ただし、外来における高額療養費が適用されるため、実際の負担の上限は年間14万4000円に抑えられます。

　なお、投与前の検査の段階では、別途検査費用がかかることがあります。この費用については、自治体から助成金が出る場合もあるので、お住まいの自治体に問い合わせてください。

新薬レカネマブによる治療の流れ

認知症の基本的な診断を受ける
（かかりつけ医でもOK）

アルツハイマー病が疑われ
MCIや軽度認知症と診断される

レカネマブの投与に適しているか
を調べるための詳しい検査を受ける
（レカネマブ投与を行なう医療機関）

・MRI検査
・神経心理検査
・アミロイドβ
の蓄積の程度を調べる検査など

外来で**レカネマブ投与開始**
2週間に1回、原則18カ月
（数カ月ごとにMRIで安全性検査）

投与から数カ月後に脳の腫れや脳内の少量の出血が生じる報告も。MRI検査で継続の有無を判断する

2-8 本人と家族への支援
認知症の人のために身近な人ができること

結論 BPSDの改善などを本格的に行うのは医療や介護の専門職（プロ）だが、身近な人ができることもある

○ きちんと休息をとることも大切なケアの一環

　認知症の中核症状については、その進行を抑える薬を適切に処方するなどの点で、認知症専門医が役割を果たします。

　一方、環境を整えながらBPSDの改善を図るという点では、同居家族などにもできることがあります。ただし、家族の介護負担の軽減を考えれば、医療や介護のプロによる**介護保険サービス**を軸に据えることが必要でしょう（本人の持病管理などは主治医が担うことになります）。

　本人と接する時間の長い家族は、どうしても心身ともに疲弊しやすくなります。頭では「本人への穏やかな接し方」を心得ていても、人間ですから、ついカッとなって言動が荒くなることがあります。

　こうした状況は、本人のBPSDに悪い影響を与えかねません。この点を考えたとき、家族としては「意識して自身が休息をとる」ことも、本人に対する「大切なケアの一環である」と考えるべきでしょう。

○ 地域のなかで「頼り上手」になることを考える

　基本的には、本人へのケアはできるだけ介護のプロに任せ、家族は意識して休息をとりながら、心身に余裕のある範囲内で「本人と穏やかな時間を共有する」というイメージが望ましいといえます。

　とはいえ、何らかの要因によって、急に本人が混乱状態に陥るということもあるでしょう。夜中に何度も家族を起こしたり、ちょっと目を離

PART ❷ 認知症とはどんな病気なのかを知っておこう

したすきにひとりで外に出ていったりすることも起こり得ます。
　となれば、いざという時に頼りになる地域の支えがもっと必要になります。大切なのは、そうした支え（ボランティアだけでなく、隣近所の支えも含む）とのパイプをいくつもつないでおき、いざという時に「頼れる」という安心感を築くことです。

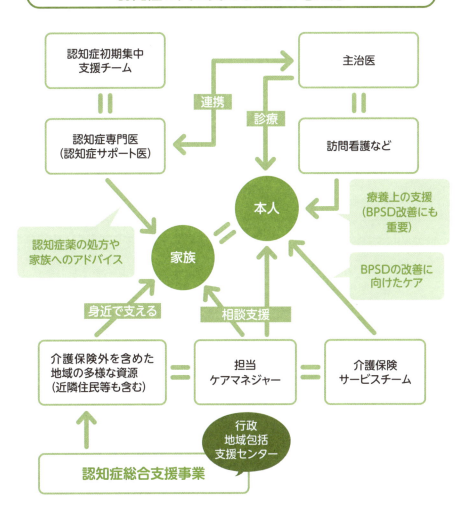

認知症の人を支えるための考え方

認知症とどう違う?
高齢者に生じやすい「せん妄」とは何か

認知症と混同されがちなケースに「せん妄」があります。

これは、大きな環境変化や心身へのダメージが加えられたことによる意識障害で、「自分がいる場所や今の時間」がわからなくなるなど、認知症の見当識障害とよく似た症状を見せることがあります。

たとえば、大きな手術をした後など、しばらくしてからせん妄に陥るといったケースが見られます。特に高齢者に多いケースですが、あくまで一過性のものなので、認知症と違って回復します。

●認知症にせん妄が上乗せされることも

注意したいのは、認知症の人がせん妄にかかるといった複合的な状況もあることです。特に、認知症の初期(あるいは、MCI〈軽度認知障害〉の段階)でせん妄が生じると、「その症状が認知症によるものか、せん妄によるものか」がわかりにくくなります。

また、認知症の人が入院して(大きな環境変化が生じる)、手術を受けたりした(身体にダメージが生じる)ときにパニック状態になるなど、BPSDが大きく悪化したかのような状態になることもあります。

家で療養している場合でも、強い薬が処方されたりすると、やはりせん妄リスクが高くなります。家族としては、「今まで落ち着いていたのになぜ?」という焦りが大きくなったりします。

このあたりは、プロの介護職でも判断が難しいケースが出てくるので、きちんと医師の診断を受けることが必要です。家族の疲弊も募りやすいので、一時的にケアの密度を高めることも考えましょう。

PART
3

<u>相談窓口</u>

困ったら早めに相談。
どこに、誰に？

| 3-1　相談体制の概要 |

認知症に関する相談の しくみはどうなっている?

 本章で紹介する機関のどこに相談しても、情報が一元化される体制が整いつつある

○ 入口となる「相談」で生じがちなハードル

　自分の親や配偶者が「認知症ではないか？」と思ったとき、家族としては「まず専門機関に相談したい」と考えるのが普通です。しかし、「たかが相談」であっても、そこには多くのハードルが存在します。

　まず、認知症介護にかかる相談などが初体験という場合、「いったいどこに相談すればいいのか」と戸惑うのが自然でしょう。

　加えて、認知症に対する理解が乏しいと、「家族が認知症になったことはできるだけ隠しておきたい」という心理も働きがちです。そのため、認知症の症状が軽い段階だと、「まだ相談などしなくても大丈夫」と考え、先延ばしにしつつ家族が「頑張ってしまう」状況が生じがちです。

　しかし、家族側に認知症に対する知識が乏しいなかでは、つい本人にきつくあたる（相手の言動を否定するなど）ことも起こり得ます。その結果、本人のBPSDが悪化するなどの悪循環が生じがちです。

○ 相談者への不安を解消するための取り組みも

　もうひとつ、「相談」にかかるハードルとして、「相談対応がたらい回しにされるのでは」という疑念が家族側に生じやすいことです。

　過去に行政窓口に（認知症以外で）何らかの相談をした際、「窓口をたらい回しにされた」という経験がある人ならなおさらです。

　仮に、「たらい回し」されないとしても、認知症ケアに対して「チー

ムであたる」というしくみを耳にすると、「担当者が変わるたびに何度も同じ説明を求められることが生じないか」という不安もあるでしょう。

認知症対応で疲弊しがちな家族としては、これも厳しいことです。

このように、支援を求める側にはさまざまな不安があります。

しかし、時代は変わりつつあります。先のような入口にかかる不安については、特に重要なポイントとして改善が進んでいます。

たとえば、相談情報をチームでしっかり取りまとめ（一元化し）、相談者の負担をできるだけ軽くする取り組みも進んでいます。

認知症の相談に関する不安

相談する側（家族など）

どこに相談していいかわからない。相談しなくても、まだ家族で頑張れる	思い切って相談したいが「窓口をたらい回し」されたりしないだろうか	いろいろと担当者が変わるたびに、同じ説明を繰り返すのはとても負担
行政広報などで窓口情報を周知。早期の相談が大切であることを啓発する動きも活発に	認知症総合支援事業や医療・介護の連携強化で、ワンストップ相談体制も整備されてきた	認知症初期集中支援チームなどでは、情報を一元化して担当が変わっても理解を強化

3-2　認知症疾患医療センター

すべての都道府県にある認知症疾患医療センター

 結論　2023年10月時点で全国505カ所。身近な診療所等も「連携型」としてセンター機能をもつ

○ 認知症に関する相談、診療などの拠点

　認知症にかかる相談や診療、情報提供の拠点として設けられているのが、**認知症疾患医療センター**です。認知症治療に関する一定の要件を満たす医療機関に対して、都道府県や指定都市によって指定されています。

　2023年10月時点で、全国に505カ所が設けられています。なお、国が定めた認知症施策推進大綱では、一定規模の病院に通院できるというエリア（二次医療圏域という）ごとに1カ所以上のセンター設置が目標とされています。これについては、95％達成されています。

○ 身近なセンターの連絡先をまずチェック

　認知症疾患医療センターには、**基幹型**（入院体制などが整った大病院が運営）、**地域型**（一般の精神科病院などが運営）、**連携型**（身近な診療所・クリニックが運営）があります。

　電話による相談も受け付けているので、最初に電話で状況を伝えたうえで、外来による相談や診療を受ける方法もあります（ただし、基幹型のなかには、診療に際して紹介状がないと上乗せの料金が発生するところもあるので注意しましょう）。また、通院が難しい場合は、認知症初期集中支援チームによる訪問などにつなげてもらうこともできます。

　身近にあるセンターの連絡先などについては、都道府県のHP上で認知症施策にかかるページから調べることができます。

PART ③ 困ったら早めに相談。どこに、誰に？

認知症疾患医療センターへの相談の流れ

都道府県HP等で検索して最寄りセンターを確認

認知症疾患医療センター
（全国に約500カ所）
1. 大病院による基幹型
2. 精神科病院等の地域型
3. クリニック等による連携型

→

電話でまず相談
（面談予約となることも）

↓

外来による診察、認知症初期集中支援チームによる訪問手配など。こちら側の事情などをきちんと伝えて、適切な対応をとってもらう

BPSD悪化の要因となる合併症への対応も

---

mini Column　認知症疾患医療センターにはどんな医師がいる？

認知症疾患医療センターには、規模にかかわらず認知症の専門医や臨床心理技術者が専任スタッフとして常駐しています。また、看護師（認知症看護認定看護師など）や保健師はもちろん、精神保健のソーシャルワーカーである精神保健福祉士も配置が義務づけられており、医療だけでなく介護に関する相談などにものってもらえます。設備面では、正確な認知症診断を行うためのCTやMRIなどを備えています（基幹型以外は、他病院との連携によるケースが多い）。

3-3 かかりつけ医

「かかりつけ医」に相談する方法もある

結論 「かかりつけ医」が専門医でない場合でも、窓口としての役割は少しずつ向上している

○「かかりつけ医」なら相談のハードルも下がる

　医療機関で「相談しやすい」となれば、本人や家族のことをよく知っている「かかりつけ医」でしょう。昔から利用している診療所などであれば、本人が通院拒否などをするケースも比較的抑えられます。

　また、その医師が認知症専門医でなくても、そこから認知症の専門医に「つないでもらう」という役割は期待できます。

　もともと本人の持病などを診ているわけですから、そこから専門医や介護サービスにつないでもらった後でも、BPSDの改善に必要な疾患の情報などを得やすいというメリットもあります。

○ かかりつけ医のための認知症対応向上研修も

　ちなみに、認知症施策推進大綱でも示された施策のひとつに、「**かかりつけ医認知症対応力向上研修**」があります。2022年時点で、全国で約7.7万人の医師が受講しています。かかりつけ医がこの研修を受けていれば、認知症に対する一定の理解があると考えていいでしょう。

　また、2018年度からは、かかりつけ医から連携型センター（56ページ参照）へ認知症患者の紹介や情報提供が行われた場合に、かかりつけ医側に報酬が発生することになりました。

　こうした施策により、「かかりつけ医に専門外の認知症の話をしても、面倒がられるだけ」という心配は少なくなったわけです。

PART ③ 困ったら早めに相談。どこに、誰に？

かかりつけ医に相談するメリット

本人や家族にとって身近な「かかりつけ医」

メリット1
家族として相談しやすく、本人も通院拒否などが起こりにくい

メリット2
BPSDにかかわってくる本人の持病などについてよく知っている

さらに

認知症施策推進大綱などによる施策

「かかりつけ医認知症対応力向上研修」によって、認知症に理解のある医師も少しずつ増えている

かかりつけ医から連携型センターへの情報提供に報酬が発生。かかりつけ医としても対応に積極的になれる環境に

---

mini Column　「窓口」となりえるのは「かかりつけ医」だけではない

「かかりつけ医認知症対応力向上研修」について述べましたが、このほかにも「歯科医師」と「（調剤薬局などに勤務する）薬剤師」を対象とした認知症対応力向上研修があります。いずれもかかりつけ医と同様に、患者にとっては身近な存在でしょう。16年度からスタートしたもので、2022年時点の受講者は前者で約2万5000人、後者で約4万8000人となっています。なお、介護保険のサービスに関わる職員には、最低限の教育機会として認知症介護基礎研修が義務づけられました。

3-4 認知症サポート医

認知症に関する地域講座で医師と話してみる

 結論　認知症サポート医が地域に出ていくケースが増えるなか、住民の相談も拡大している

○ 認知症支援の「中核」を担うサポート医

　かかりつけ医に対し、認知症に関する助言や研修を行う立場となるのが**認知症サポート医**です。地域の連携型認知症疾患医療センターなどに勤務しながら、認知症初期集中支援チームを指導したり、自ら認知症診断などを行っている医師もいます。

　この認知症サポート医は全国で約1万3000人となっています。

○ 地域講座などでサポート医との交流機会をもつ

　この認知症サポート医は、認知症に関する地域の医療や介護の連携にも力を尽くすことが役割となっています。その一環として、地域住民に対して認知症に関する啓発活動を行っているケースもあります。

　たとえば、町内会や自治会などで「認知症の勉強会」などを行ったりする場合、認知症サポート医が講師に立つ光景も見られます。

　また、地域住民が手がける「認知症カフェ」などにサポート医が足を運び、家族からの相談にのったりする例もあります。

　たとえば、自治体広報などを開くと、こうした認知症にかかる講座や相談会の告知を見ることもあるでしょう。こうした場に足を運び、講座の質疑などでサポート医と話をしてみてはどうでしょうか。

　実際に専門的な立場の医師と話す機会をもつことで、心理的なハードルが下がり、相談につなげる糸口となる可能性もあります。

PART 3 困ったら早めに相談。どこに、誰に？

地域のなかでの認知症サポート医の役割

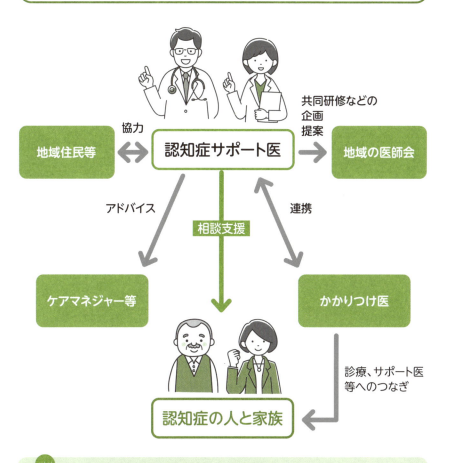

Column mini 身近な認知症サポート医を探そう

全国で1万3000人もいる認知症サポート医ですが、認知症疾患医療センター以外の医療機関にも勤務しています。普段かかりつけている病院にサポート医がいるかもしれません。都道府県では、認知症サポート医研修の修了者の名簿を公開しています。また、日本認知症学会のホームページでは、サポート医を含む認知症の専門医が検索できます。こうした情報を閲覧しつつ、身近な認知症サポート医を把握しておくといいでしょう。彼らの多くは地域貢献を研修受講の動機としています。町内会などで講演依頼の交渉をしてみる価値はあります。

> 3-5　地域包括支援センター

病院相談に抵抗があるなら地域包括支援センターへ

 結論 介護相談だけではない。高齢者の「困りごと」なら、ワンストップで聞いてくれる

○ 保健・福祉等に関わる3職種を配置

　ここまで「相談できる医療機関」について述べましたが、「いきなり病院等には相談しにくい」という人もいるでしょう。

　そういう場合には、最寄りの**地域包括支援センター**（以下、包括）に相談しましょう。包括は06年の介護保険制度見直しで誕生した機関で、おおむね全国の中学校区にひとつ配置されています。

　原則として、保健師（もしくは看護師）、主任ケアマネジャー（ケアマネジャーの上位資格にあたる）、社会福祉士の3者が配置されていて、介護相談だけでなく高齢者の「困りごと」全般に対応してくれます。

○ 最寄りの「かかりつけ包括」を作りたい

　認知症に関していえば、認知症疾患医療センターや認知症初期集中支援チームにつなげてくれる窓口となります。また、成年後見制度などの認知症高齢者の権利擁護にかかる相談にものってくれます。

　土日や夜間でも窓口を開設している所もあり、「とりあえず電話で相談したい」というケースでもOKです。担当者は課題整理のプロなので、多少こじれた問題でも相談にのりながら必要な機関につなげてくれます。

　身近な包括の連絡先については、自治体のHPや広報誌で確認できます。地域の大きな病院や介護施設に併設されているケースもあります。日頃から「かかりつけ」の包括を作っておくといいでしょう。

PART **3** 困ったら早めに相談。どこに、誰に？

地域包括支援センターの機能

総合相談支援業務
住民の各種相談を幅広く受け付けて、制度横断的な支援を実施

多面的（制度横断的）支援の展開
行政機関、保健所、医療機関、児童相談所など必要なサービスにつなぐ

介護サービス	地域権利擁護
ボランティア	民生委員
ヘルスサービス	医療サービス
成年後見制度	虐待防止

権利擁護業務
成年後見制度の活用促進、高齢者虐待への対応など

社会福祉士等

主任ケアマネジャー等　⇔　保健師等

チームアプローチ

包括的・継続的ケアマネジメント
- 「地域ケア会議」等を通じた自立支援型ケアマネジメントの支援
- ケアマネジャーへの日常的個別指導・相談
- 支援困難事例等への指導・助言

介護予防ケアマネジメント業務
要支援・要介護になる可能性のある人の介護予防ケアプランの作成など。自立と判定された人でも、保険給付外の介護予防サービスにつなげてくれる

---

mini
Column **包括は民間委託が多いので、法人の特徴に注意**

包括の設置主体は各市区町村ですが、多くは民間法人に業務委託されています。その法人には、医療法人や社会福祉法人のほか、介護サービス事業等を運営する営利法人やNPO法人にも含まれます。当然ながら、母体法人によって「得意とする分野」に差が生じることもあります。もちろん、相談機関としての最低限の質は確保されていますが、たとえば認知症相談となると、「介護保険サービス」に結び付けることが目的のような包括も見られます。また、ブランチという相談窓口だけの出先機関もあるので、最寄りの包括の特徴を事前に押さえておくといいでしょう。

3-6 認知症地域支援推進員

市区町村役場の窓口も認知症対応に力を入れる

結論 2018年4月からの認知症総合支援事業の完全スタートにともない、認知症専門の窓口もできつつある

○ 市区町村でも認知症相談の窓口が拡充

2018年4月から、全国のすべての市区町村で**認知症総合支援事業**がスタートしています。それにともない、各役所内にも（従来の高齢者支援課や介護保険課といった部署のなかで）「認知症相談」の窓口を拡充するケースが見られます。

認知症総合支援事業は、さらにいくつかの事業に分かれていますが、そのひとつに「認知症地域支援・ケア向上事業」があります。ここで全市区町村に義務づけられたのが**「認知症地域支援推進員」**の配置です。

○ 認知症地域支援推進員の役割とは何か

認知症地域支援推進員の役割は、大きく以下の3つに分けられます。

①認知症の人が必要な医療や介護のサービスが受けられるよう、関係機関との連携のしくみを構築し、それを地域に周知・普及すること

②地域における「認知症カフェ」設立や医療・介護の多職種による共同研修などの実施を支援すること

③認知症の人や家族等への相談支援を行うこと

行政に配置される推進員としては、①②のような、地域における認知症支援のしくみや資源を整えることが中心となり、③のような個別の相談支援は包括に任せるという役割分担をしている場合もあります。

なお、②については、2019年度から、認知症の人などが地域で役割

PART ③ 困ったら早めに相談。どこに、誰に？

を担いつつ社会参加活動を行なうための体制整備も加わっています。

○ 他機関に対しての取り次ぎもしてくれる

相談者としては、「役所内に認知症支援の専門家が配置されることになった」という点を頭に入れ、遠慮なく窓口を訪ねてください。

市区町村によって担当部署名が異なったりしますが、介護保険課や高齢者支援課があるフロアで尋ねれば、担当につないでくれます。

最近では、「認知症になった場合の支援機関一覧」や「認知症支援・治療につなげるまでの流れ」などをパンフレット等にして、役所の窓口などで配布していることがあります。「相談に行く」前に、外出ついでに窓口に立ち寄って先のようなパンフレットがないかを尋ね、もしあればもらって帰って「相談前の予習」をしておいてもいいでしょう。

認知症地域支援推進員の役割

認知症地域支援推進員

要件
❶認知症の専門的知識や経験を有する医師、保健師、看護師、作業療法士、歯科衛生士、精神保健福祉士、社会福祉士、介護福祉士
❷①以外で認知症支援の専門的知識や経験を有すると市町村が認めた者

→ 役割 →

医療・介護等の支援ネットワーク構築や住民に対する普及・啓発

地域の認知症対応力向上のための支援・資源開発など※

認知症の人やその家族に対する相談支援やサービスの調整など

※2019年度より、認知症の人の社会参加活動のための体制整備も加わった

配置場所：市区町村本庁、地域包括支援センター、認知症疾患医療センター　など

65

3−7　要介護（要支援）認定

介護サービスの利用を決めている場合は？

 介護保険の利用の前提となる「要介護（要支援）認定」を受ける意思をはっきり伝える

○ ゼロから解決への道筋をつけるのが認知症支援

　認知症に関する相談で包括や行政窓口に訪れる人の多くは、「どうしていいかわからない」と困惑しているケースが多いと思われます。

　その場合は、「これからどうしていいかわからない」ということをはっきり伝えましょう。相談支援を行う側は、まったくのゼロからでも解決への道筋をきちんとつけるのが役割だからです。

　もっとも、最初から「具体的な支援を求めたい」と考える人もいます。「本人を介護施設などに入所させることはできないか」という具合です。介護疲れがピークに達していると、そうした要望も生じるでしょう。

○ 介護保険サービスを使う場合は要介護認定が必要

　認知症の人が入所・入居する施設や居住系サービスは、介護保険が適用されるケースがほとんどです。ただし、介護保険を使うには、要介護（要支援）認定を受けなければなりません。

　これは、「その人にどの程度の介護が必要か」を判定するしくみです。たとえば特養ホームは、原則、要介護3以上の認定を受けないと入れません。

　この認定を受けるには、包括や市町村の**介護保険担当窓口に申請する**ことが必要です。ただし、「申請する」意思があいまいだと、自治体によっては「状態が軽ければ介護保険による給付ではなく、市町村が運営する

介護予防等のサービス」を勧めるなどというケースもあります。

○ 要介護認定を受けたいという意思ははっきり伝える

　もちろん、窓口を訪れた相談者が「家族が認知症で本当に困っている」と訴えれば介護保険申請につなげてくれる可能性は高いでしょう。しかし、介護保険の財政が厳しくなっている昨今では、市区町村も「なるべく介護保険を使う状況を避けたい」という考え方が強くなっています。
　この点を考えたとき、もし「介護保険を使いたい」のであれば、「要介護認定の申請をする」というはっきりとした意思を示すべきでしょう。

認知症の相談から介護保険サービスにつながる流れ

● 本人の認知症が深刻な場合の一般的な流れ

● 「介護保険を使う」という意思がある場合

● 「介護保険を使う」という意思があいまいだと……

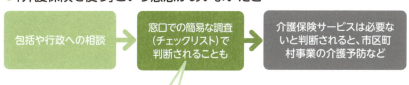

自治体によっては「なるべく介護保険の利用は避けたい」という思惑をもっている場合があり、こうした流れも現に起こっている。
介護保険の利用はあくまで「被保険者の権利」であることを頭に入れておきたい

3−8　身近な人への相談

相談への迷いが大きい場合は「身近な人」へ

 気軽に話せる相手を通じて、しかるべき専門機関につなげてもらうという方法もある

○ 専門機関が難しければ身近な人に相談してみる

　家族が認知症になるなど、経験したことがない状況を目の前にすると強いストレスが生じるものです。人によっては心の状態も内向きになり、専門機関などへの相談さえハードルが高いものになることがあります。「どこかに相談しなければならないのはわかっているが、心の整理ができない」という人もいるでしょう。そうした場合は、身近でストレスなく話せる人に事情を説明してください。

　専門家でない人に話しても意味があるのか――と思われるかもしれません。しかし、少なくとも「心の内」にためているものを吐き出すことで気分は楽になり、そこから「きちんとした機関に相談しよう」というエネルギーが得られることもあります。

○ 身近な人が認知症サポーターである可能性もある

　また、身近な人（友人や町内会役員、民生委員など）のなかには、認知症サポーター養成講座などを受けているケースがあるかもしれません。

　認知症サポーターは、「認知症に対する正しい知識をもち、地域や職場で認知症の人や家族に対して、できる範囲で手助けできる人」です。

　その養成講座は、自治会や老人クラブ、消防・警察、企業などさまざまな場で開催されています。2023年6月時点で1400万人以上が受講していて、企業・職域内でも300万人（2023年）にのぼっています。

PART ③ 困ったら早めに相談。どこに、誰に？

身近な人への相談の効果

認知症サポーター養成講座を受けている人がいる場合も（全国1400万人）

- 身近な人に話すことで、「何が課題か」を整理しやすくなり、専門機関への相談に向けた心理的ハードルが下がる
- 相談相手が認知症サポーターであるなら、専門機関に取り次いでもらうなども期待できる

mini Column　学校での認知症教育も推進されている

認知症サポーター養成講座は、子どもや若者も積極的に受講しています。近年では、学校教育の現場で認知症について学ぶ機会も増えました。たとえば、2018年に改訂された高等学校学習指導要領においては、すべての生徒が学習する家庭科で、高齢者の尊厳や介護、認知症などを明記。これを受けた現場の教育実践としては、認知症に関する学習についてさまざまな実践が進んでいます。たとえば、認知症サポーター養成講座も兼ねて実施したり、教師が認知症の当事者役を演じながらのロールプレイ方式による演習などを行うケースもあります。

3-9 認知症の人と家族の会

認知症の人と家族の会など民間の相談機関も

 結論 支援があっても、つい「きつく」なることが。そんなとき頼りになる認知症の人と家族の会

○ 専門職の相談支援だけでは埋まらない悩みも

　専門機関を通じて医療や介護のサービスにつながっても、日々新たな課題が生まれることもあります。認知症の場合は特にそれが顕著です。

　そのつど、支援を受けている機関や担当者などに相談することになりますが、それだけでは埋まらない悩みなども出てきます。たとえば、認知症介護にかかるお金の話や、思いもよらぬ本人の言動にどう対応するかなど、家族の目線で一緒に考えてくれる機関がもっと欲しいものです。

○「とにかく話を聞いてほしい」というときに

　一緒に考えてくれる機関の代表が、**認知症の人と家族の会**です。

　介護保険制度が始まる以前の1980年に設立され（当時の名称は「呆け老人をかかえる家族の会」）、2000年にはフリーダイヤルによる電話相談がスタート。2010年には**公益社団法人**に認定されています。

　全都道府県に47の支部が設けられていて、本部のフリーダイヤルのほか、ほとんどの支部でも電話相談を行っています。

　家族の場合、認知症の本人のことを理解しているつもりでも、ついストレスがたまってグチが出たり、「何に困っているか」も整理できないまま「とにかく話を聞いてほしい」と思うことあります。

　そうした「専門職にはなかなかいいにくい」ということも、きちんと受け止めてくれます。常に心に留めておきたい相談窓口です。

PART ③ 困ったら早めに相談。どこに、誰に？

認知症の人と家族の会の電話相談

0120-294-456
全国通話無料・月〜金（祝日を除く） 10〜15時
※研修を受けた介護経験者が対応

※携帯・スマホの場合は、050-5358-6578（こちらは有料となります）

全国47の支部でも電話相談を実施
（巻末の一覧参照）

LINEの「友だち追加」で「公益社団法人認知症の人と家族の会」が提供する通話無料のLINE電話も利用できる

「世界アルツハイマーデー2023」のポスター。毎年9月21日だが、2012年からは毎年9月を「世界アルツハイマー月間」と名づけ、全国各地で認知症の啓発に向けたさまざまな取組みが行われている

mini Column　毎年9月21日は世界アルツハイマーデー

世界規模で認知症への理解を進めることを目的として、1994年に国際アルツハイマー病協会（ADI）が制定したのが、世界アルツハイマーデーです（ちなみに、9月は世界アルツハイマー月間としている）。同時に国際会議も開催され、04年と17年には認知症の人と家族の会が誕生した京都が舞台となりました。会議では認知症の当事者の人も登壇し、本人理解を進めるうえで大きな啓発機会となっています。また、認知症啓発のライトアップイベントなども行われます。

3-10 要介護認定前のサービス利用

ケアマネジャーに直接相談する方法もある

 要介護認定を受ける前でも、ケアマネジャー経由で介護保険を使うという方法もある

○ 要介護認定が出る前のサービス利用も可能

　介護保険によるサービスを受けるには、要介護(要支援)認定を受けることが必要です。ただし、申請から認定結果が出るまで1カ月近くかかることもあります。その間にBPSDが悪化したり、家族の疲労が積もったりしてしまえば、本人にも家族にも厳しい状況になりかねません。

　その場合、ケアマネジャーと契約して**暫定的なケアプラン**を作ってもらい、それでサービスの利用を開始することができます。要介護認定の有効期間は申請日にさかのぼるため、認定結果が出る前にサービスを使っても保険の給付を受けることに問題はありません。

○ とにかく急ぎたい場合は、ケアマネジャーを探す

　この点を頭に入れれば、「とにかく(サービス利用を)急ぎたい」という場合は、とにかく担当してくれるケアマネジャーを探すことが先決です。そのうえで、プラン作成とサービス手配をお願いするわけです。

　どのようにケアマネジャーを探すかについては、次項で述べましょう。

　注意したいのは、在宅で介護保険サービスを使う場合の保険給付額は、要介護度で上限(区分支給限度基準額といいます)が異なることです。要介護度が高いほど、上限も高くなります。

　暫定プランを作成する段階では、認定結果はまだわかりません。もし、見積もったほど要介護度が高くなければ、上限を超えてしまう可能性も

PART ③ 困ったら早めに相談。どこに、誰に？

あるわけです。その場合、上限を超えた分は全額自己負担となります。

また、仮に認定が「非該当（自立）」となった場合は、介護保険からの給付は行われません。つまり、暫定プランによって受けたサービスの費用は全額自己負担となってしまいます。

いずれにしても、ケアマネジャーとよく相談し、認定結果をある程度予測しながらサービスを利用する必要があります。

認定結果が出る前の介護保険サービス利用の例

ケアマネジャーと契約して暫定ケアプランをつくってもらう

↓

サービスの利用開始

↓ ここで認定結果が出ると……

サービス利用料の自己負担は以下で計算

❶「利用したサービスの料金」－❷「認定の区分に応じた給付の上限額（自立判定ならゼロ）」＋❸「給付を受けられる場合の1〜3割の自己負担」

❷がゼロとなった場合、「介護保険による給付」は受けられないことになるので、自己負担が極めて大きくなる可能性もある点に注意

※なお、ケアマネジャーにケアプランをつくってもらう際には利用料は発生しない

3−11　ケアマネジャー

ケアマネジャーは
どうやって探せばいい？

 認定の申請を行った包括や行政の窓口で、地域の居宅介護支援事業所のリストをもらう

○ 最寄りの居宅介護支援事業所はどう探す？

　ケアマネジャーは、居宅介護支援事業所という所に所属しています。では、最寄りの居宅介護支援事業所をどうやって探せばいいでしょうか。
　要介護（要支援）認定を行うと、その結果とともに「その市区町村内の居宅介護支援事業所のリスト」が送付されてきます。
　しかし、認定前に「暫定ケアプランを作ってもらう」となれば、そのリストはまだ手元にありません。そこで、要介護等認定の申請を行った包括や役所の窓口に申し出て、リストをもらいます。

○ 認知症対応に慣れた事業所を探すには？

　もっとも、リストを入手しても「どの居宅介護支援事業所がいいのか」という判断はなかなかつきません。包括や市区町村でも「特定の事業所」のおすすめはできないことになっています。
　そうした場合、厚労省がネット上で運営する**「介護サービス情報公表システム」**を使って検索する方法があります。ただし、はじめての人やネット使用に慣れていない人には使い勝手がよくないかもしれません。
　そこで、認知症対応に慣れているというポイントに照らすなら、認知症疾患医療センターや認知症外来などを行っている医療機関に併設している事業所を候補とする方法もあります。介護事業なら、認知症グループホームなどを運営する法人の事業所を目当てにしてもいいでしょう。

PART ❸ 困ったら早めに相談。どこに、誰に？

認知症対応に慣れた居宅介護支援事業所の探し方

| 包括や役所の窓口で居宅介護支援事業所のリストをもらう | 厚労省の「介護サービス情報公表システム」を活用して検索 | すでにかかりつけている認知症診療の医療機関があれば、そこに尋ねてみる方法も |

❶ 認知症疾患医療センターや認知症外来を行っている医療機関が併設している事業所を候補とする

❷ 認知症グループホームや小規模多機能型居宅介護など、認知症の人を対象としたサービスを展開している介護事業法人による事業所を候補とする

ただし、自法人のサービスばかりを勧めたりするケアマネジャーには要注意。2018年4月から、ケアマネジャーから利用者に対して「自法人以外の複数のサービス事業所の紹介を求めることができる」と説明することが、ケアマネジャーの義務となった。特定のサービスのみ勧めるケースがあれば、市区町村に申し出を！

---

mini Column　ちなみに、暫定プランなしでサービスを使った場合は？

「(サービス利用を)もっと急いでいる」という場合、要介護認定の申請前にサービスを使うというケースも考えられます。ただし、「申請の時点で給付が発生する」わけですから、こうしたケースでは原則として介護保険の給付を受けることはできません。ただし、「特例」があり、サービス利用開始後に認定の申請を行えば、その結果に応じた給付額については「償還払い」を受けることができます。つまり、いったんサービス料金を全額支払ったうえで、後で払い戻しを受けるわけです。この還付による給付を、「特例居宅介護サービス費」といいます。

> **3-12　若年性認知症への対応**

若年性認知症など
専門の相談窓口は？

 若年性認知症についても、コールセンター設置や
コーディネーターの配置が進んでいる

○ 若年性認知症に特有のニーズとは？

　65歳未満で発症する認知症のことを、**若年性認知症**といいます。2022年時点で、有病者数は約3万6000人とされています。

　対象者の年齢が若いので、高齢者の認知症と比較した場合に、現役の就労中に発症するケースもあります。そのため、子どもの教育費など家計に与える影響も大きいのが特徴です。本人の就労継続や社会参加への意思も強いので、そうした意向への専門的な支援も必要となります。

○ 全都道府県へのコーディネーター配置の取り組み

　この若年性認知症については、全国の都道府県や政令指定都市などで、コールセンターを設置するなどの取り組みが進んでいます。

　たとえば、認知症介護研究・研修センターや、認知症の人と家族の会などの支部が委託を受けて実施するケースも見られます。

　また、介護保険事業費補助金を活用し、国は各都道府県に**若年性認知症支援コーディネーター**の配置も進めています。

　コーディネーターの役割としては、本人・家族に対する相談支援のほか、現役社員が発症するケースを想定して企業からの相談も受けます。

　支援に関しては、介護サービスのみならず障害福祉にかかる就労継続支援など幅広い取り組みが必要です。本人の意向を尊重しつつ、家族としてもコーディネーターから多様な資源にかかる情報を得たいものです。

PART ③ 困ったら早めに相談。どこに、誰に？

若年性認知症にかかる取り組み

- 全国の都道府県に専門コーディネーターとコールセンターの設置
- 介護保険制度では、18年度から若年性認知症の受け入れ体制を拡大
- 障害者総合支援法などによる就労継続支援などのサービスの拡充

若年性認知症支援コーディネーターの役割
- 本人、家族に対する相談支援
- (現役社員が発症するケースを想定して)企業からの相談支援
- 市町村や関係機関との連携体制の構築など

全国には、若年性認知症の人を対象としたサロンや専門の就労継続支援事業所などもあります。詳しい情報は、「若年性認知症コールセンター(社会福祉法人仁至会認知症介護研究・研修大府センター)」のHPからチェックできます。

(コールセンター:0800-100-2707　無料通話)
月～土　10:00～15:00(水曜日は19:00まで)
年末年始・祝日除く

mini Column　高次脳障害に関する相談窓口も広がっている

若年で記憶障害や注意障害(同じ作業を長く続けられないなど)などが生じるケースとしては、高次脳障害があります。これは、ケガや病気によって脳に損傷を受けることで生じます。専門の診断やリハビリの体制がまだ不十分な医療機関もある一方で、全国のリハビリ系病院などで専門の相談窓口も少しずつ増えています。相談先リストについては、「高次脳機能障害情報・支援センター(国立障害者リハビリテーションセンター)」のHPから情報を得ることができます。

3-13 相談時に伝える情報

相談に際して伝えたい情報をあらかじめ準備

 いつから、どのような言動が生じたか。本人の通院歴や服薬状況なども伝えたい

○ 相手はプロ。無理に筋道立てて話さなくてもOK

　ここまで、認知症に関するさまざまな相談窓口を紹介してきました。
　相談する家族などとしては、少なからず混乱しているなか、「筋道立てて相談内容を伝える」のが難しくなるケースもあるようです。
　もっとも、相談支援を行う側は医療や介護、福祉分野のプロです。たとえ相談者の話が「とりとめもない」状況でも、きちんとこちらの話を聞き、そのなかから支援に必要な課題をつかむことに長けています。
　とはいえ、早期に的確な支援を求めるなら、相談窓口に伝えたい情報をあらかじめ整理しておくことが望ましいでしょう。

○ 支援に必要となりそうな情報はあらかじめ整理

　支援機関としては、何よりも認知症の進行や症状を具体的につかみたいという考えがあります。そこで、「いつから」「どのような症状が見られるようになったのか」を事前に書き留めておきましょう。
　日記などをつけている場合は、その記述を示す方法もあります。本人の発した言葉も、できるだけ「ありのまま」を伝えたいものです。
　また、どんな状況がBPSDの悪化に影響を与えているかという点で、本人の病歴や服薬状況なども貴重な情報となります。
　現在かかっている医療機関と治療を受けている病名を整理したもの、服薬している薬の一覧表なども用意しておくといいでしょう。

PART ③ 困ったら早めに相談。どこに、誰に？

相談前に整理しておきたい情報

本人の認知症に関する症状

↓

本人の気になる言動が……
- いつごろから生じているか
- 具体的な言動の様子は？（本人が口にした言葉などはそのまま伝える）

日記をつけている場合は、本人の言動に関する部分を抜き出して見せてもいい。毎日の睡眠時間や主に食べている食事の献立などもあるとよい

本人の通院歴や現在の服薬状況

↓

本人の持病などについて
- 過去の通院・入院歴は？
- 今、どんな病気で治療を受けているか？
- 服薬の一覧表など

主治医の連絡先を相談者に伝えることで、支援機関側で本人の医療に関する情報も共有してくれる

Column 本人が通院などに応じない場合は？

認知症の支援においては、早期に正確な診断を行うことが大切です。しかし、本人がなかなか通院に応じないケースもあります。そんなとき訪問によって「本人の状況を見る」というのが、認知症初期集中支援チームの役割です。となれば、「訪問を受けるうえで都合のいい日時」などをあらかじめ設定しておくと話がスムーズに進みます。特に家族が仕事をしている場合は、同席の都合がつきにくいことがあります。その場合、介護休業・休暇制度などを利用する方法もあります。

79

3–14 家族の状況

家族の健康や仕事等の事情なども遠慮しない

結論 本人にとってのキーパーソンである家族の状況も、支援者にとっては大切なポイント

○ 家族はつい「気丈」にふるまいがちだが

　認知症の人の家族の場合、自分では「（本人の介護などが）きつい、つらい」と思っていても、口に出すのをはばかられる傾向があります。
　相談の場でも、「自分のことは差し置いて」となりがちです。相談窓口の人から「ご家族はお体などきつくありませんか？」と尋ねられても、つい「私は大丈夫です」などと気丈にふるまったりします。
　しかし、家族側の心身が不安定になれば、（自分では意識していなくても）自然と本人への言動などがきつくなることがあります。それが本人のBPSD悪化の一因ともなることを考えれば、「自分の心身の状態も認知症ケアを進めるうえでは大切な情報」と考えたいものです。

○ 家族自身の健康状況や介護の状況なども記録する

　たとえば、家族自身も何らかの病気で通院・服薬しているならば、本人の情報と同じように整理しておきましょう（通院等していなくても、腰や膝が痛いといった症状があれば、書き留めておきます）。
　また、家族が仕事に就いたりしている場合、勤務時間や介護休業・休暇制度（164 〜 167ページ参照）の利用状況なども整理しておきます。
　1日のうち、本人と接している時間や家族自身の睡眠時間、気分転換にあてられる時間はあるかどうかも振り返りましょう。同居家族以外で、頼ることのできる親族の連絡先も控えておきます。

PART ③ 困ったら早めに相談。どこに、誰に？

相談時に伝えるべき本人以外の情報

窓口担当者は、どんな情報に注目しているか？

家族や親族に関する情報も貴重

家族の「介護疲れ」のリスクはどの程度あるか？	家族の体調などが悪化した場合の緊急連絡先は？	家族の事情にも合わせたうえで、どんな支援が必要？
本人だけでなく家族の持病・服薬状況、家族の連続する介護時間など	同居家族の形態、緊急時に頼れる親族、知人、主治医などの連絡先	家族の仕事等の状況、差し支えない範囲での住まいや経済的な状況など

---

 mini Column **2025年4月から介護休業制度が変わる!?**

介護休業・休暇の制度は、育児・介護休業法で定められた労働者の権利です。権利ですから、介護休業等を取得することで事業主が労働者に不利益な扱いをすることは認められません。この育児・介護休業法が改正され、事業主側の責務がさらに厚くなりました。施行は2025年4月です。具体的には、労働者が家族等の介護に直面した旨を事業主に伝えた場合、事業主は介護休業・休暇制度等があることを周知しつつ、活用の意向確認を行わなければなりません。また、家族の介護が必要になる前からの企業内研修等の実施も義務づけとなりました。

相談の際にも活用できる
自治体でも導入が進む「オレンジ手帳」とは?

　認知症にかかる支援をスムーズに進めるためには、支援者側に対して本人や家族からさまざまな情報を提供することが必要です。

　本人や家族が混乱している状態でも、できるだけ的確な情報提供ができるようにする――ここで役立つのが「オレンジ手帳」です。

　オレンジ手帳は、公益社団法人である日本精神科病院協会が編集しているもので、正式名称は「認知症地域連携パス」といいます。

●本人のプロフィールや支援の経過などを記入

　内容は、①複数の支援機関が個人情報を共有するための同意書、②認知症の本人のプロフィール、③初診時の問診票、④認知症進行度のチェック表、⑤現在治療中の病気や服薬の情報などとなっています。

　また、本人・家族と支援機関との間のやり取りを記せるページ（連絡・相談・質問帳）も設けられていて、本人・家族への支援経過がどうなっているかを関係者が共有することもできます。

　これが一冊あれば、どんな支援機関とのやり取りでも、そのつど本人・家族に詳細なヒアリングを行ったり、情報収集等で同じ手間を何回もかけたりするのを防ぐことができます。

　このオレンジ手帳は、自治体で配布しているケースもあり、なかには独自で改編を行っているものもあります。たとえば、本人が認知症になる前から「自分のこと」を記すページがあり、支援者等に「自分のことをよく知ってもらえる」といった工夫も見られます。自分たちが住む自治体でも配布されているかどうか、確認してみましょう。

PART

サービスⅠ

認知症支援のための医療と介護のサービス

4-1 医療機関への受診・相談

家族が認知症?
早期の受診は大切か

結論 正しい認知症診断は大切だが、本人に受診拒否がある場合は家族も負担。まずは相談してみる

○ 本当に認知症なのかを含めて正しい診断が大切

　アルツハイマー型認知症は、記憶障害などがゆっくりと進行します。そして、ある時点で「明らかに言動がおかしい」と、周囲の家族などが気づきます。コップにたまった水があふれる感じです。

　ここで大切になるのは、正しい診断です。認知症にもいろいろなタイプがあるだけでなく、認知症のような症状を見せるほかの病気もあります。これを正しく把握することが、適切な対応の第一歩となります。

○ 受診拒否がある場合を想定した支援方法もある

　ただし、本人に医療機関での受診を勧めても拒否されることがあります。初期の段階では、本人も記憶障害などへの自覚があり、恐れや不安の心理から「認知症などではない」と否定する気持ちも強くなります。そうした混乱状態から「受診拒否」につながるケースが多いのです。

　こうした本人の気持ちに沿わずに、無理に受診させようとすると、本人と家族の信頼関係が損なわれることがあります。

　その点を考えると、本人が受診拒否している場合、認知症疾患医療センターや地域包括支援センターなどに「まず相談してみる」のがよいでしょう。これらの支援機関は、本人の「受診拒否」も想定しています。86ページで述べる認知症初期集中支援などを通じ、本人を安心させながら少しずつ受診につなげる方法をとってくれるはずです。

PART 4 認知症支援のための医療と介護のサービス

受診を強要すると起こりがちな問題

家族は「できるだけ早く受診させたい」と考える。家族としての焦りも強い

本人は、自分でも一定の自覚症状があって、その不安や混乱から受診をためらう

この葛藤があるなかで、無理やり受診させようとすると……

これが家族には、異常な行動として映りストレスを募らせる。心ならずも本人につらくあたるなど

ありもしない話をつくったり(作話)、同じものを何度も買ってきては隠してしまうなど

本人は「自分は認知症ではない」という思いから無理につじつまを合わせようとする

Column　高齢夫婦であれば「一緒に健診」の名目も

すでに述べたように、本人が混乱している様子であれば、しかるべき機関に「どうすればいいか」を相談するほうがいいでしょう。それでも「受診させたい」と考えるのであれば、高齢夫婦などの場合は、以下のようなやり方もあります。たとえば、身近で気軽に受診できる専門クリニックがあるなら、家族側が「ちょっと物忘れが出てきたので、自分が健診を受けたい。ついでに一緒に受けよう」という具合です。つまり、本人にお付き合いをしてもらうわけです。これなら、本人の心理的なハードルはだいぶ低くなるでしょう。それでも拒否が強い場合は、やはり無理に受診させるのは控えて、まず相談機関に頼りましょう。

4–2　認知症初期集中支援チーム①

2018年から全市区町村で認知症初期集中支援開始

 結論　いろいろな専門職が自宅を訪問し、本人と家族に寄り添いながら適切な支援へつなぐ

○ 医療系・介護福祉系の多職種からなるチーム

　前項のように受診が難しいなどのケースで、適切な支援につなげていくには、さまざまな専門職による対応の工夫が必要です。

　この入口段階の対応を集中的に行うのが、**認知症初期集中支援チーム**です。国の認知症施策推進大綱に沿って設置が進められているもので、2018年4月から全市区町村に設けられています。

　チームは医療系（医師、看護師、保険師など）や介護・福祉系（社会福祉士、介護福祉士、精神保健福祉士など）の専門職からなり、認知症サポート医による助言・指導を受けながら、支援を進めます。

○ 自宅訪問によって徐々に必要な支援につなげる

　最初に、これらチーム員のうち2名以上で、認知症の人と家族が暮らす家を訪問します。対象となるのは、**本人が40歳以上で、まだ認知症に関する診断や支援を受けていない**といったケースです。

　この訪問によって、本人や家族から詳細な相談を受けたり、本人の状況を観察したりします。最終的には、認知症疾患医療センターなどでの認知症診断や診療、介護保険によるサービスへとつなげます。

　本人に受診拒否があるケースも想定し、チーム員と認知症の本人との関係づくりを焦らずに行うことが基本です。そうした支援を**おおむね6カ月**にわたって行うことになります。相談に料金はかかりません。

PART ④ 認知症支援のための医療と介護のサービス

認知症初期集中支援チームのしくみ

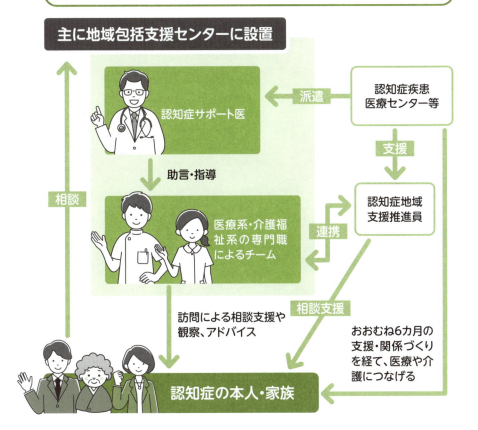

mini Column　初期集中支援チームは包括が設置している

認知症初期集中支援チームは、原則として地域包括支援センター（包括）に設置されています。これにより、包括に相談（家族だけでなく民生委員や地域住民なども含む）を受けてチームが始動することになります。また、役所の窓口に介護相談に訪れたり、要介護認定を受けるところまで行って、その後に医療や介護サービスにつながっていないといったケースに対しても、本人や家族にアクセスしながら初期集中支援につなげることもあります。認知症で問題となるのは、外部と接触を図らずに世帯で閉じこもってしまうというパターンです。こうした孤立した状況に対しても、積極的に掘り起こしを行っていくのもチームの役割です。

87

4-3　認知症初期集中支援チーム②
初期集中支援チームの具体的な支援の内容

 医療・介護サービスにつなげるまでの間、緊急時などに24時間365日の訪問にも対応

○ 初期の訪問で本人と信頼関係を築く

　初期の訪問では、本人や家族からの相談を受けるだけではありません。
　たとえば家族に対して「本人への接し方のアドバイス」や「今後、認知症の進行がどうなっていくか、支援の流れがどうなっているか」についての説明なども行います。もちろん、認知症ケアの専門職も同席しているので、本人との関係づくりにも力を入れます。
　これにより、本人や家族に安心感をもってもらい、信頼関係を築いたうえで、本格的な受診や介護サービスの利用につなげていくわけです。

○ チーム会議を経て具体的な支援計画を作成

　訪問を重ねるなかで、本人や家族の状況が明らかになってくると、その情報をもとにチーム会議を行います。そのうえで、スムーズな受診等につなげるための支援方針を立てます。
　また、本人に通院治療中の持病などがある場合は、主治医と連絡をとりつつ、診療に際しての主治医へのアドバイスなども行います。
　さらに、本人の認知症が進むなかで、何らかの環境にかかる影響などでBPSDが急速に悪化することもあります。そうした場合に、24時間365日の連絡・対応の体制をとり、家族等からの要望によって緊急訪問などを行うこともあります。このあたりの整備状況は、地域によってまだ差はありますが、段階的な底上げが期待されます。

PART **4** 認知症支援のための医療と介護のサービス

認知症初期集中支援の流れ

家族等からの相談を受けてチームが訪問

▼

本人の状態観察や関係づくり

▼

必要な情報を収集したうえで
チーム会議開催。チームによるケア計画を作成

▼

立案したケア計画を本人や家族に説明
家族に対しては本人への接し方のアドバイスなど

▼

主治医とも連携をとりつつ、認知症疾患
医療センター等での診断につなげていく

▼

緊急時・急変時などの
電話相談や訪問を行う場合も

▼

**担当ケアマネジャーや必要な介護サービスへと
つなげたうえで支援終了**（支援の経過は随時把握）

---

mini
Column **初期集中支援終了後も「かかわり」は続く**

ここまで述べたように、認知症初期集中支援チームのかかわりはおおむね6カ月で、その後は介護保険のケアマネジャーや介護サービス、認知症専門の医療機関などへとバトンタッチされます。ただし、その後も初期集中支援チームのかかわりがまったくなくなるわけではありません。たとえば、介護保険サービスにつながった後、当初の計画通りに支援が展開されているか、認知症の進行にともなう新たな課題が生じていないかなどを定期的に確認（モニタリング）することも初期集中支援チームの役割です。支援の継続性は担保されているわけです。

4-4 認知症初期集中支援チーム③

初期集中支援チームを
どのように活用する?

結論 医療や介護、福祉のプロのアドバイスで、これからの見通しを確認。本人と家族の心の土台を固める

○ 認知症との付き合いは「長い旅路」

　本人や家族にとって、認知症との付き合いは、長い旅路を行くようなものです。実際の「旅」でもそうですが、しっかりした地図をもたずに出かけても、道に迷って体力を消耗するだけとなります。また、体調や装備をきちんと整えなければ、たちまち息切れしてしまうでしょう。

　認知症初期集中支援チームの支援を受け入れることは、まさに旅に出るうえでの「地図」や「体調」、「装備」を整えることに当たります。

　たとえば、「本人の認知症が今後どのように進行し、支援の流れがどうなっていくのか」を知ることは、正しい「地図」の入手といえます。

○ これからどうなるかという情報が大切

　この点を考えたとき、認知症の人の家族として、初期集中支援チームをどのように活用すればいいかという道筋が見えてきます。

　すでに初期相談で伝えている情報は、初期集中支援チームにも伝わっています。となれば、改めて「一から情報を提供する」という必要はありません。むしろ、ここ数日の「本人の様子」に関するエピソードや、家族自身の「体調の具合」をきちんと伝えることが大切です。

　そのうえで、「認知症の症状の進行」や「医療・介護を受ける流れ」などを聞くことに集中し、きちんとメモをとっておきたいものです。

　また、いざというときの緊急の連絡法なども確認しておきましょう。

PART 4 認知症支援のための医療と介護のサービス

認知症初期集中支援チームの活用

認知症介護を「長い旅路」と考えると……

- 道に迷わないよう正しい地図はもったかな?
- 途中で病気になったりしないよう体調を整えよう
- 旅先で困らないよう、必要な装備を整えなくては……

認知症初期集中支援チームがお手伝い

- 本人の認知症がどのように進行していくか、支援の流れはどうなっていくのかを示してくれる
- 本人や家族の健康状態をチェックしたり、日々の介護を楽にするためのアドバイスをくれたりする
- いざというときの必要な支援機関の連絡先や連絡方法などについて、いろいろな情報を伝えてくれる

---

mini Column ストレスになるような「記録作成」は必要なし

専門職とやり取りをするようになると、家族が「支援の役に立つように」と詳細な介護記録を作ったりするケースがあります。もちろん、家族として「自分は何ができるのか」を考えようとするのは無理ないことです。しかし、「役に立とう」ということ自体が重荷になっては意味がありません。もし介護日記などをつけたいというのであれば、チェック方式で簡単に書き込める市販のものもあるので、そういったものを活用しましょう。「疲れて今日は何もする気が起こらない」というのであれば、無理をせず、「そういう日もあるのは当然」と考えることが必要です。

4-5　認知症専門医による診断

認知症の診断はどのように行われる?

 一般的な身体検査や認知機能テストのほか、脳の画像診断などの複合的な診断が行われる

○ まずは、問診を通じた認知機能テスト

　認知症初期集中支援チームでは、チーム員が本人との良好な関係を築きながら、認知症に関する受診へとつなげていきます。

　最初に求められるのが「正しい診断」ですが、認知症疾患医療センターなどでは、どのような診断が行われるのでしょうか。

　まずは問診を行いながら、**認知機能テスト**を行います。このテストにはさまざまなものがありますが、長谷川式認知症スケール（HDS-R）やミニ・メンタルステート試験（MMSE）などが主に使われています。

○ 画像診断によって脳の状態もチェック

　こうしたテスト形式の診断に加え、**一般的な身体検査**（尿検査や血液検査、心電図検査など）も行います。

　これにより、認知症のBPSD悪化にかかわる疾患があるかどうかを調べます。また、認知症のような症状をもたらす病気の可能性もあるので、このあたりの正確な判断を行ううえでも必要です。

　これらに加えて、MRIやCTを使った**脳画像診断**が行われ、脳萎縮の程度はどうか、脳の血流状態はどうなっているかを調べます。こうしたいくつもの診断を重ねながら、認知症の原因疾患やその進行がどうなっているかを判断します。これらの診断にかかる費用は、3000～2万円程度です（医療機関や検査項目によって異なります）。

PART **4** 認知症支援のための医療と介護のサービス

　いくつもの検査を重ねるので、本人にとってはそれなりに負担となる可能性があり、強い拒否や混乱を起こすこともあります。

　そうした場合は、初期集中支援チームと認知症専門医の間で、円滑な診断を進める方法を模索してくれます。

改訂 長谷川式簡易知能評価スケール(HDS-R)と各設問の意図すること

No.	質問内容	検査の目的
1	お歳はいくつですか?	記憶力
2	今日は何年の何月何日ですか?　何曜日ですか?	時の見当識
3	私たちが今いるところはどこですか?	場所の見当識
4	これから言う3つのことばを言ってみてください。後でまた聞きますのでよく覚えていてください(1:桜・猫・電車 2:梅・犬・自動車)	即時記憶力
5	100から7を順番に引いてください	計算力と注意力
6	私がこれから言う数字を逆から言ってください(6-8-2、3-5-2-9を逆に言ってもらう)	記銘力と注意力
7	先ほど覚えてもらった言葉をもう一度言ってみてください	遅延再生力
8	これから5つの品物を見せます。それを隠しますので、何があったか言ってください(時計、鍵、はさみ、鉛筆など必ず相互に無関係なもの)	記銘力
9	知っている野菜の名前をできるだけ多く言ってください	発語のなめらかさ

出所:鹿児島県大崎町「広報おおさき 2013.7」より抜粋

---

mini

Column　ミニ・メンタルステート試験について

世界中で使われている認知症検査の手法で、時間や場所の見当識、計算や物品呼称、文章復唱などによる記憶力・判断力などを測定する11項目の質問からなります。認知症だけでなくMCI(軽度認知障害)の疑いなども判別できます。

4-6　治療・投薬

認知症の治療とは
どのようなものか?

 中核症状の進行を緩和する認知症薬の投与や、かかりつけ医との連携による持病の治療などを行う

○ 認知症に似た症状が出る疾患ではないか確認

　認知症の治療がどのように進むかというのは、診断結果によって変わってくることがあります。たとえば、慢性硬膜下血腫で脳が圧迫されている場合、認知症のような症状が見られることがあります。そうした場合には、手術等で血腫を取り除けば、症状が改善することもあります。

　そのほかにも、何らかの疾患によって「認知症のような症状」が起きているケースもあります。その疾患をきちんと特定したうえで（認知症との合併症がないかも確認しつつ）、治療を行うという流れもあります。

○ 「認知症」と診断されたら……

　一方、アルツハイマー型などの「認知症」と診断された場合には、中核症状の進行を緩和する薬（45〜49ページ参照）が投与されたりします。

　また、もともとの持病などが悪化し、それがBPSDの悪化の原因につながっていることもあります。このあたりは、本人の持病の治療に携わるかかりつけ医と認知症専門医が連携しながら（初期集中支援チームもかかわりつつ）、治療を進めていくことが必要です。

　もし、認知症の進行とともに通院の拒否などが見られた場合には、訪問による診療を受けることもできます。どうすれば訪問診療を受けられるのかについては、初期集中支援チームの担当者に尋ねてみましょう。

　もちろん、家族側の持病などもしっかり治療することが大切です。

PART 4 認知症支援のための医療と介護のサービス

診断から治療までの流れ

認知症の診断
（認知機能テスト＋身体検査＋脳の画像診断）

認知症のような症状だが、認知症の原因疾患には当てはまらない	アルツハイマー型やレビー小体型など、認知症の原因疾患が特定できた	中核症状やBPSDの悪化に影響を及ぼしている持病(の悪化)がある
症状をもたらしている疾患の治療・手術によって改善する可能性もある	中核症状の進行を緩やかにする認知症薬を投与しながら、経過観察を行う	かかりつけ医と認知症専門医が連携しながら、持病の治療を適切に進める

認知症初期集中支援チームと随時相談しながら、ケースに応じた対応を進めていく

Column　認知症リスクを早期発見、MCIスクリーニング

近年、アルツハイマー病になるリスクを少量の採血検査で判定することが可能となりました。血液中のたんぱく質を調べることで、アルツハイマー病の原因となる原因物質(アミロイドβ)の蓄積具合を推計し、MCI(軽度認知症障害)から認知症へと進行する可能性を判定します。検査費用は1回2〜3万円です。
もちろん、リスクが高いからといって、必ずアルツハイマー病になるわけではありません。生活習慣を整えるなどによって、発症リスクを下げられる可能性があります。注意したいのは、「予防」が強調されることで、「認知症への進行」が自己責任とされる風潮が生じることです。冷静な考え方が求められます。

4-7　介護サービスの役割

介護サービスをきちんと使うことがなぜ大切か？

結論 その人の「できる・している」を尊重するケア。それが本人の安心を導き出す力になる

○ BPSDの改善など介護の役割は大きい

　認知症の人が穏やかな生活を取り戻すうえで、大切なのは医療だけではありません。BPSDが、周囲の環境や人間関係などにも大きな影響を受けることを考えれば、それらを専門的に整えることも必要です。

　また、家族の介護疲労が、本人との人間関係に影響を与えることもあります。その点を考えれば、本人と家族が一時的に離れる機会を設け、家族に休息をうながすことも大切です。

　それらの役割を果たすのが介護サービスであり、その多くは介護保険の給付によって活用することができます（一定の利用者負担あり）。

○ 認知症ケアに力を入れているサービスを選ぶ

　介護保険で使えるサービスはいろいろあります。同じ種類のサービスでも、事業所や施設によってケアの内容が異なることもあります。

　認知症ケアという切り口でも、BPSDの改善などに向けた取り組みに特に力を入れているサービスがあります。

　たとえば、認知症になっても、その人の「できること」や「していること」はたくさんあります。その残っている能力を尊重することで、本人は自分の役割や居場所を実感することができます。こうして本人の安心感を引き出しながら、穏やかな生活を整えていくわけです。

　こうしたサービスをきちんと選んでいくことが大切になります。

PART 4 認知症支援のための医療と介護のサービス

介護サービスの役割

医療の役割

中核症状の進行を緩やかにしたり、BPSDに影響を及ぼす疾患等の治療を進めたりする

介護の役割

環境を整えたり、本人の「できる・している」生活を援助しながら穏やかな生活の実現を目指す

本人に通所や施設で過ごしてもらうなど家族が休息できる機会を設け、本人との関係を穏やかにする

> 本人への接し方や環境の整え方について、専門の研修を受けた人材を配置するなど、事業者・施設によって「得意とする」サービスのあり方も変わってくる

ケアマネジャーや初期集中支援チームの担当者などと相談しながら、本人と家族のニーズや事情にあったサービス利用を調整していくことが大切

Column　同じサービスでも「加算」の取得で差がある

介護サービスの多くは、介護保険からの給付（支払い）で成り立っています。その給付には、基本となるもの（基本報酬）とそこに上乗せされるもの（加算）があります。たとえば、国が定める「特別な体制やケアの手法」を実施した場合などに、この加算がつくことになります。つまり、同じ種類のサービスでも、この加算をとっているかどうかでケアの内容も変わってくる可能性があるわけです。もちろん、認知症ケアに関する加算もたくさんあります。サービスを提供する事業者や施設を選ぶ場合、そこで「どんな加算をとっているか」に着目することも大切です。

4−8 認知症ケアに特化した介護サービス

利用できる人
要支援1〜2
要介護1〜5

認知症ケアに力を入れているサービスは?

 結論　認知症ケアに重点化したサービス類型のほか、事業所・施設が独自で力を入れているところもある

○ 認知症ケアに重点化した３つのサービス

　介護保険サービスを利用する人のうち、程度に差はあっても認知症の症状がある人の割合は７割近くに及びます。どんなサービスでも、「認知症の人が利用する」ことはある程度想定されているわけです。そんななかでも、特に認知症ケアに力を入れているサービスがあります。

　たとえば、認知症の人のその時々の状態に臨機応変に対応できるしくみの「**小規模多機能型居宅介護**」。認知症の人を集中的に受け入れて、手厚い個別対応を行う「**認知症対応型通所介護（認知症デイサービス）**」。入居型のサービスでは、「**認知症対応型共同生活介護（認知症グループホーム）**」があります。これは、認知症の人が共同で暮らしながら、それぞれが「できること」によって支え合い、尊厳のある穏やかな生活を築いていくというスタイルです（もちろん、スタッフも常駐します）。

○ 認知症ケアにかかる加算には何がある？

　これ以外でも、普通のデイサービスなどで「認知症加算」をとったり、短期間だけ入所する施設（ショートステイ）や訪問介護などで「認知症専門ケア加算」というものをとっているケースなどがあります。

　これらは、認知症の人を一定以上受け入れたり、認知症ケアに関する専門の研修を受けたスタッフを配置していることが特徴です。ちなみに、認知症専門ケア加算は特養ホームでもとっているケースがあります。

PART 4 認知症支援のための医療と介護のサービス

認知症ケアに重点化したサービス

小規模多機能型居宅介護	「訪問」「通い」「泊まり」のスタイルを組み合わせながら、その時々の認知症の人の状態に柔軟に対応
認知症対応型通所介護	認知症の人を集中的に受け入れ、少人数のなかでスタッフが個別対応を行いながら穏やかに過ごす
認知症対応型共同生活介護※	認知症の人が共同で生活しながら、その人らしい暮らしを実現していく。スタッフも常駐している

※要支援1は利用できない

認知症ケアに特化した加算など

認知症加算／認知症専門ケア加算	認知症の人を一定以上受け入れ、認知症の専門研修を受けたスタッフを手厚く配置するなど
若年性認知症利用者受入加算	若年性認知症の人を積極的に受け入れ、若年性特有のニーズに合った個別対応を行うなど
認知症チームケア推進加算	認知症BPSDの発現予防や早期対処のために、専属チームを構成して個別ケアを行う

Column 看護・リハビリ系サービスの認知症ケア

認知症のBPSDの緩和を図るうえでは、本人の疾患が悪化しないよう、健康状態を整えることも必要です。その点では、看護師が訪問しながら健康・療養の管理を行うサービスも有効です。これにあたるのが、訪問看護や定期巡回・随時対応型サービスといわれるものです。また、リハビリテーションを進めることで、本人の「できること」が維持できれば、穏やかな生活を築くきっかけも広がります。通所や訪問、老健でのリハビリでは、認知症の人がリハビリをしやすい環境を整えるなどの工夫に力を入れた「認知症短期集中リハビリテーション」を行うところもあります。こうした、看護・リハビリ系の取り組みにも注目したいものです。

利用できる人
要支援1〜2 要介護1〜5

4-9 小規模多機能型居宅介護①

小規模多機能型居宅介護とはどんなサービスか?

結論　認知症の人の「心の動き」をきちんと把握したうえで、そのときの状態・希望にあった対応ができる

○「訪問」「通い」「泊まり」を柔軟に組み合わせる

　認知症対応に特に力を入れたサービスとして、まず**小規模多機能型居宅介護**を取り上げましょう。その名のとおり、定員（登録制）は原則29名以下という小規模な事業スタイルで行っているものです。

　本人の状態や希望に合わせて「自宅への訪問」と「事業所への通い」、「事業所での泊まり」を柔軟に組み合わせ、その人らしい生活を整えます。いろいろな機能をまとめて提供するため、利用料金も「月あたりいくら」というまとめ払いとなります。要介護度などによって異なりますが、3000〜2万7000円程度（利用者負担1割の場合。以下同じ）です。

○「本人の心の動き」に合わせやすいメリット

　認知症の人の場合、短期記憶や見当識が衰えているので、そもそも「この日にこういうサービスを受ける」という決め事になじむのが難しくなっています。そこで、無理に「通い」や「泊まり」に本人を当てはめようとすれば、かえって本人を混乱させることにもなりかねません。

　その点、小規模多機能型のしくみであれば、その時々の「本人の心の動き」に合わせて対応することが可能になります。これが、穏やかな生活を整えていくうえで理に叶っているわけです。

　このしくみをベースとしたうえで、事業所ごとにBPSDの改善に向けた環境づくりなど、さまざまなケアの工夫が取り入れられています。

PART 4 認知症支援のための医療と介護のサービス

小規模多機能型居宅介護のしくみ

登録定員29名以下
※通いの利用定員は、登録定員の「2分の1」〜18名
※泊まりの利用定員は、登録定員の「3分の1」〜9名
※自治体の条例によって変わる場合もあり

- スタッフが自宅に訪問
- 利用者が事業所に通う
- 利用者が事業所に泊まる

利用者の状態や希望などに応じて柔軟に対応

認知症の人の「心の動き」に配慮しやすく
BPSDの緩和などに有効

Column 看護小規模多機能型というサービスもある

認知症のなかには、重い合併症などがある人もいます。そうした利用者の療養管理をしっかり行えるかどうかは、BPSDの改善なども左右します。小規模多機能型でも看護職員を手厚く配置したり、外部の訪問看護を受け入れるというしくみがあります。しかし、今後「重い療養が必要な認知症の人」が増え、看取りニーズなどに対応する機会も増えるなかでは、看護機能のさらなる強化も必要です。こうしたニーズに力を入れたのが看護小規模多機能型居宅介護というサービスです。「訪問」だけでなく、「通い」「泊まり」でも看護サービスを受けることができます。

4-10 小規模多機能型居宅介護②

小規模多機能型の訪問サービスのメリット

 結論 スタッフやほかの利用者と「なじみの関係」を築き、スムーズに認知症ケアの道筋をつける

○ 認知症の人のサービス拒否はなぜ起こる？

　小規模多機能型居宅介護（以下、小規模多機能型）におけるサービス提供の流れには、認知症ケアの基本的な道筋を見ることができます。

　たとえば、認知症の人にいきなり「デイサービスに行きましょう」と誘っても、「それがいったい何なのか」は理解しにくいものです。

　それでも無理に連れ出そうとすれば、「どこかに連れていかれる」という警戒心が強くなり、本人の拒否や混乱は逆に強まりかねません。

○ 入口での「訪問」によって信頼関係を築く

　小規模多機能型の場合、一例として「訪問」を入口とすることがあります。同じスタッフが何度か「訪問」を繰り返すなかで、少しずつ本人との信頼関係を築くことがポイントになるわけです。

　もちろん、同じスタッフによる繰り返しの「訪問」でも、本人は相手を覚えていないことも多いでしょう。それでも、訪問時の様子やスタッフと家族の会話などから、「この人は以前にも会ったかもしれない。また、悪い人でもなさそうだ」という印象が芽生えることはあります。

　この安心感が本人のストレスを緩和し、少しずつ「心を開けるなじみの相手」という関係が生まれるようになります（当然ながら、医療等との連携によって本人の体調等を良好に保つことも必要です）。

　ここから小規模多機能型のサービスがスタートすることになります。

PART 4 認知症支援のための医療と介護のサービス

小規模多機能型における「訪問」の重要性

「訪問」によって、利用者の「家の状況」や「生活の様子」を知ることで、「通い」「泊まり」時のケアに活かすことができる

本人との信頼関係を築くことで、円滑に「通い」「泊まり」へとつなげる

利用者・家族
利用者宅

Column 小規模多機能型の「訪問」を強化するしくみ

小規模多機能型における「訪問」の重要性について述べました。しかし、06年に同サービスが誕生してからしばらくは、「訪問」は「通い」や「泊まり」に比べると提供頻度は芳しくありませんでした。そこで、15年度の介護報酬の改定で、一定以上の「訪問」を行っているなどを要件とした報酬の上乗せが行われました。また、看護小規模多機能型についても同様の加算が設けられています。「訪問」は利用者の「自宅の状況」や「家での生活」の様子を知ることで、「通い」や「泊まり」でのケアの参考になる情報も入手する機会となります。利用する側としても、事業者がどれだけ「訪問」を重視しているかという点に注意したいものです。

103

4-11 小規模多機能型居宅介護③

小規模多機能型の
サービスの流れは？

 BPSDの緩和を第一に進めながら、その人らしい社会参加の姿へとつなげていく

○ 「通い」の場は穏やかに過ごせる環境

「訪問」によって本人とスタッフがよい関係を築きながら、本人が自ら「通い」へと出向けるよう、さまざまな工夫が凝らされます。

たとえば、本人の過去の生活歴を参考にしながら、「私たちの事業所にご一緒いただいて、こんなことをお願いしたい」という具合に、本人の「役割意識」を刺激するという具合です。

本人を「通い」につなげることができたとします。その「通い」の場では、本人がそこで穏やかに過ごせるよう、BPSDの改善を考慮した環境づくりやスタッフのかかわり方に重点がおかれます。

○ 自らが進んでの「やろう」をサポート

BPSDをもたらす混乱や不安が抑えられた状態になると、本人は「そこで自分は何をすべきなのか」を推し量ろうとします。その結果、自ら進んで何かをするという姿が見られるようになります。

用意されている茶器でお茶をいれたり、庭にある菜園で土いじりを始めたり。もちろん、本人の生活歴などをつかんだうえで、事業所として一定の仕掛けをしているわけですが、そこから先は本人の主体性に任せ、スタッフはそれをフォローすることに徹します。

そのまま時間がたち、「疲れたから休みたい」となれば「今日は泊まっていってもいいですよ」という具合に「泊まり」につなげていきます。

PART 4 認知症支援のための医療と介護のサービス

「通い」につながったその後

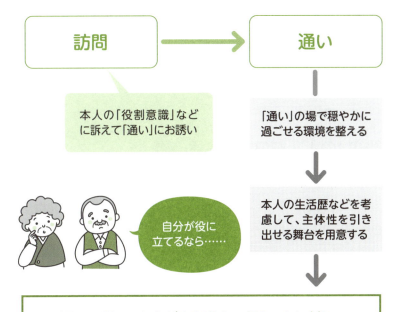

訪問 → 通い

本人の「役割意識」などに訴えて「通い」にお誘い

「通い」の場で穏やかに過ごせる環境を整える

本人の生活歴などを考慮して、主体性を引き出せる舞台を用意する

自分が役に立てるなら……

通いの場で、本人が自ら進んで行うことに対し、事故等を防ぐための見守りと最低限のサポート

スタッフとの関係が築けるなかで、スタッフ側が利用者の「お世話を受ける」というシーンも

mini Column 小規模多機能の「通い」とデイサービスの違い

小規模多機能型の「通い」は、デイサービスのように「時間の範囲内で何かをする」という枠組みはありません。「通い」や「泊まり」のなかで時間を作り出すのは、あくまで利用者本人です。スタッフは、本人が創り出す時間のなかではサポーターに過ぎず、時には（本人にお茶をいれてもらうなど）「何かをしてもらう」側に徹することもあります。いずれにしても、小規模多機能型では、本人自らが社会参加の姿を描き出せることを大きな目的としています。それが本人の尊厳を満たしつつ、その人なりの「居場所」を築くことにつながるわけです。

105

4-12 認知症対応型共同生活介護

利用できる人
要支援2
要介護1〜5

グループホームではどんなケアが行われる?

結論　「共同生活」という場のなかで「自分の役割や立ち位置、居場所」などを見つけていく

○ 認知症の人たちの共同生活の場

　小規模多機能型における認知症ケアの流れを、認知症の人同士の「共同生活」において実現していくのが、**認知症対応型共同生活介護**、いわゆる認知症グループホーム（以下、GH）です。定員は1ユニット5人以上9人以下、利用料金は月あたり10〜20万円程度（家賃含む）です。

　自らが「住居の主人公のひとり」として、役割や立ち位置をしっかりもてるようになること。ここにGHのひとつの到達点があります。

○ GH選びのポイントは初期対応と医療との連携

　ただし、小規模多機能型のように、「訪問」からスタートして徐々に「入居」につなげるという流れをとることはなかなか困難です。

　そのため、入居したばかりのころは、本人も落ち着きがなかったり、時には「家に帰る」といって外に出て行ってしまうケースもあります。

　その点を考えたとき、GHとして特に問われるのは「初期対応」です。つまり、新たに入居した人に対して、①BPSDの緩和をしっかり図る、②スタッフやほかの入居者との信頼関係を築く、③「ここは自分の居場所である」と認識できるような環境づくりを図るわけです。

　落ち着いた生活がおくれるようになった後、課題となるのが本人の中核症状の進行と体調の悪化です。このあたりは医療との連携が重要になってきます。この点をしっかり整備しているGHを選びたいものです。

PART 4 認知症支援のための医療と介護のサービス

グループホームにおけるケアの流れ

利用者が新規で入居

- BPSDの緩和などが十分に行われず、本人の混乱・不安なども大きい状態
- GH内のスタッフやほかの入居者との人間関係も十分に築かれていない状態

入居時の集中的な初期対応が必要に
（しばらく入院して再入居となった場合も同様）

そのGHにおける自分の「役割」と「立ち位置」が定まることで落ち着いた生活に

その後は、中核症状の進行や
体調悪化（持病の進行など）の防止に向けた
対応の強化が必要になる

Column 注意。GHのケアの質には大きな差も

GHのなかには、初期対応や医療ニーズへの対応が十分ではなく、「ただ入居させている」といったレベルの事業者も残念ながら見られます。そのため、BPSDの悪化も放置されて職員の負担が大きくなり、離職率が上がって人材スキルがなかなか向上しない例も見られます。家族として「本人をGHに入居させたい」という場合は、必ず現場リーダークラスの人と話をし、先に述べた「初期対応」と「体調悪化やBPSD悪化の際の対応（外部の医療・看護との連携も含む）」がどうなっているかという説明を求めましょう。若手のリーダークラスの人がきちんと説明できれば、組織としての対応がしっかりしていることの証となります。

107

4-13 認知症対応型通所介護

認知症対応型デイでのさまざまな取り組み

利用できる人
要支援1〜2
要介護1〜5

結論 特養ホームに併設しているものや、グループホームの居間などを共用して行っているものなどもある

○ 基本的には定員12人以下という小規模

「認知症対応」をうたっているサービスとして、もうひとつ注目したいのが**認知症対応型通所介護**（以下、**認知症デイサービス**）です。

一般のデイサービスと比べると、定員が12人以下（以下に述べるGH等との共用については1日3人以下）と小規模です。その分、認知症の利用者一人ひとりにていねいな対応をしてくれる期待は大きいわけです。利用料金は、1日あたり1200〜2000円程度（食費含む）です。

○ 事業所によって特徴が異なることもある

ただし、認知症デイサービスには、いろいろなタイプがあります。

単独で行っているものもあれば、GHやユニット型特養ホームの居間などを活用しているパターン（共用型）もあります。

また、医療機関などが認知症デイを運営し、BPSDに影響を与える疾患などの管理に集中するところもあれば、認知症の原因疾患を限定しながら、各認知症の特性にあったケアを行っているケースもあります。

なお、一般のデイサービスでも、認知症加算を取得しながら、専門研修を受けた職員を何人か配置しているという事業所も見られます。

そうなると、本人に合ったサービスを探すには少し視野を広げる必要があります。担当ケアマネジャーや初期集中支援チームの担当に、本人に合ったデイサービスがないかどうかを尋ねてみましょう。

PART 4 認知症支援のための医療と介護のサービス

認知症対応型デイサービスとは？

認知症対応型デイサービス

| 単独で行っているもののほか、特養ホームなどに併設されているもの（併設型）やGH等の居間を共用して行うスタイル（共用型）がある | 定員は、12人以下。ただし、共用型についてはひとつの単位あたり3人以下（地域密着型特養での共用型は、ユニットの入居者をあわせて12人以下） | 介護・看護職員のほか、生活相談員や機能訓練指導員がいる。また、管理者は認知症に関する専門研修を修了していることが必須となっている |

> 小規模なうえ認知症ケアに詳しいスタッフもいるので、利用者の状態に応じたていねいなケアが可能です。ただし、共用型の場合は、そのGH等に入居・入所している人との関係にも、事業所が配慮できているかがポイントになります

mini Column　家族対応にも気を配れるかどうかがポイント

デイサービスというと、本人だけがその場へ通って過ごすというパターンが一般的です。確かに、家族の介護疲れをカバーするのであれば、家族としては「本人を送り出して離れる時間をもつ」ことも重要でしょう。しかし、家族のなかには、「本人がデイサービスでどう過ごしているか」が気になる人もいます。そうした家族の複雑な心理にも気を配り、スタッフ（デイサービスの生活相談員など）が「家族の話を聞く」という時間を積極的に設けたり、「たまにはご本人の過ごしている様子をご覧になりませんか」と誘ってくれるケースもあります。いいケアを行っている事業所であれば、本人が笑顔で過ごしている様子を見たりすることで、家族のストレスが緩和されるということもあります。こうした事業所の特質についても、ケアマネジャーなどから情報を得たいものです。

4-14　介護保険の訪問系サービス

利用できる人
要支援1〜2※
要介護1〜5
※一部除く

訪問系サービスは どんなものをどう活用？

結論 介護職員などと「なじみの関係」を築きながら、BPSDの改善を上手に進めていくことが大切

○ 訪問だけのサービスでも大きな効果がある

　小規模多機能型では、訪問によって本人・家族との良好な関係をつくり、少しずつ本人の社会参加へとつなげていく流れがとられています。

　加えて、介護保険では、もっぱら訪問によってサービス提供を行うものがあります。こちらも「本人・家族との良好な関係」をしっかり築くことができれば、訪問だけのスタイルでも、地域のなかでその人らしい生活を整えていくのに大きな効果を上げることができます。

○ 一緒に出かける機会をつくることも可能

　ホームヘルパーが訪問する訪問介護には、どんな効果があるでしょうか。たとえば、排せつ、清拭などがきちんと行われれば、失禁や汚れによる不快感が解消され、本人の不穏状態を改善することができます。

　ちなみに、訪問介護では「利用者と一緒に買い物に行く」というサービスも可能です。ヘルパーとのなじみの関係ができれば、一緒に出かけながら、地域との接点を維持することができるわけです。

　また、看護師が訪問する訪問看護により、服薬や日々の健康状態のチェックがきちんと行われれば、これもBPSDの緩和につながります。

　なお、服薬管理については、薬剤師による居宅療養管理指導というサービスもあります。ヘルパーや看護師による「たびたびの訪問」が望ましいケースなら、定期巡回・随時対応型というサービスも使えます。

PART ④ 認知症支援のための医療と介護のサービス

介護保険の訪問系サービスの種類

訪問介護※	ホームヘルパーが自宅を訪問し、食事、排せつ、清拭等の介助を行ったり、調理・洗濯・掃除など生活に必要な家事をサポートする。1回の利用料金は200〜700円程度。夜間に巡回する夜間対応型訪問介護もあり
訪問看護	看護師が訪問して、本人の健康管理や服薬援助を行う。そのほか、医師の指示のもとに、さまざまな療養管理も行ってくれる。1回の利用料金は300〜1200円程度。
定期巡回・随時対応型訪問介護看護※	上記の訪問介護・看護に該当するサービスで、1日に数回の定期訪問や呼び出しなどによる急な訪問に定額で対応してくれる。利用料金は月あたり6000〜3万円程度
居宅療養管理指導	医師や歯科医師、薬剤師、管理栄養士などが定期的に訪問し、本人のBPSD改善に役立てるような健康管理・指導を行ってくれる。1回あたりの利用料金は、300〜550円程度
訪問リハビリテーション	理学療法士や作業療法士などのリハビリ専門職が自宅を訪問し、生活動作の機能が衰えないよう必要な訓練をしてくれる。1回あたりの利用料金は、300〜900円程度

※訪問介護と定期巡回・随時対応型は、要介護1〜5のみ
※2021年4月から訪問介護、定期巡回・随時対応型でも「認知症専門ケア加算」が誕生
※利用料金の目安はいずれも一割負担の場合

mini Column 「訪問」の拒否がある人の場合はどうする？

認知症でもともと警戒心の強い人などは、「ヘルパー等が訪問してもなかなか家に入れてくれない」ということもあります。家族としては「円滑なサービス利用につながらない」という焦りが生じがちですが、そのあたりはサービス提供側もプロです。「受け入れてもらう」ためのさまざまなやり方を心得ています。ドアホンに警戒心を解くような音楽をセットしたり、ドアの外から話しかける方法を工夫するなど。そうした引き出しの豊富な事業所を選べるよう、ケアマネジャーや初期集中支援チームの担当者と丹念に打ち合わせを積みたいものです。

111

> 利用できる人
> 要支援1〜2
> 要介護1〜5

4-15 介護保険の短期入所系サービス

「泊まり」に対応した専門のサービスもある

結論 家族の休息機会のためにも欠かせない短期入所系サービス。ケースや要望によって選択肢がある

○ 認知症の人の昼夜逆転もあるなかで……

認知症の人の場合、昼夜逆転の傾向を見せることも多く、家族も「なかなか寝つけない」などの問題が生じがちです。

こうした家族の介護負担を減らすうえで欠かせないのが、短期入所系サービスです。これは、施設やGHなどで、短期間（連続30日まで）だけ本人の入所・入居を受け入れるというものです。家族にさまざまな私用が生じて、本人と離れる機会が必要という場合にも活用できます。

○ 利用者の状態やニーズに応じていろいろ

主なものとしては、**短期入所生活介護**と**短期入所療養介護**があります。

前者は日常生活上の介護が中心で、後者は医学的な管理などを必要とする人が主に対象となります。ともに、単独で行っているものと、特養ホームや介護老人保健施設などに併設されているスタイルがあります。

これらのサービスでは、認知症の専門研修を受けたスタッフなどを配置して、手厚いケアを行っているところもあります。1日あたりの利用料金は、前者が700〜1000円程度、後者が900〜1000円程度です。

また、GHでも**短期利用型**といって、短期間だけ空いている居室に入居できる体制をとっているケースがあります。GHであれば、やはり認知症ケアには慣れているので、家族にとっても安心感が高いでしょう。1日あたりの利用料金は、800〜1000円程度です。

PART ④ 認知症支援のための医療と介護のサービス

介護保険の短期入所系サービスの種類

どんなものがあるか？

宿泊しつつ日常生活上の介護を受ける	特別な医療的管理が必要となるケース	しっかりと認知症ケアを手がけてほしい
↓	↓	↓
短期入所生活介護	短期入所療養介護	GHの短期利用

左2つの事業所で、認知症専門ケア加算を取得しているところにも注目

 上記以外にも、介護付有料老人ホームや小規模多機能型の短期利用、介護保険外となるがデイサービス利用後にそのまま「泊まり」が可能な「お泊まりデイ」などがある

mini Column 短期入所を利用する場合の注意点

認知症の人が短期入所系サービスを利用する場合、注意したいのは「自宅以外で一時的に昼夜を過ごす」ことによる環境の変化です。こうした環境変化は、当然ながら認知症の人の心身を不安定にして、BPSDを悪化させる可能性もあります。そうなれば、その後の家族の介護負担は逆に強まりかねません。こうした状況を防ぐには、サービス提供側が受け入れに際して「きちんとした認知症ケア」ができるかどうかが問われます。ただし、ケアの質が高い所は人気も高く、予約がすぐいっぱいになってしまうことも。認知症ケアに力を入れる認知症GHや小規模多機能型の「短期利用」も含め、地域の資源を幅広く探すことが必要です。

4-16 介護老人福祉施設（特別養護老人ホーム）

利用できる人
原則として
要介護3〜5

特養ホームなど施設での認知症ケアは？

 結論 小規模な共同生活単位を整えたユニットケア。
BPSDを緩和する環境やサービスが充実

○ 原則要介護3以上で入れる特養ホーム

　本人がひとり暮らしのケースや、家族も高齢化して介護負担が大きいという場合、家を離れて施設に入所するという選択肢も浮かんできます。

　ただし、認知症の人の場合、「移り住む」という環境変化は心身に大きな影響を与えがちです。介護保険施設ではどのような配慮がなされるのか、ここでは**介護老人福祉施設（特養ホーム）**について取り上げます。

　特養ホームは、2014年の法改正で原則「要介護3」以上の人が入所の対象となりました。ただし、同居家族の体調に問題があったり、本人のBPSDが著しい場合、例外的に入所できる場合もあります。

　入所にかかる費用は、月あたり3万〜15万円程度です※。

○ 認知症に対してはユニットケアが有効

　特養ホームの多くで取り入れられているしくみが、**ユニットケア**といわれるものです。施設をいくつかの生活単位に分け、少人数（1ユニットあたりの定員はおおむね10人以下）で共同生活をおくります。

　各ユニットには「共同生活室」というリビングスペースがあり、GHの構造に似ています。一般家庭のような環境が打ち出しやすいという点で、認知症の人の不安や混乱を抑えやすいメリットがあります。

　また、介護スタッフのほか、医師や看護師の配置も義務づけられており、BPSDの緩和に必要な日々の健康管理も行える体制にあります。

※本人所得や要介護度、居室スタイルによって異なる

PART 4 認知症支援のための医療と介護のサービス

特養ホームの居室の種類

特養ホーム

ユニット型個室
利用者ごとの個室＋共同生活スペースで生活単位を構成。1ユニットあたりの定員はおおむね10人程度

ユニット型個室的多床室
共同生活スペースがあるのは左記と同じだが、居室はパーテーション等でプライバシーを確保※

その他
多床室（4人部屋）や共同生活スペースのない個室など。左の2つに比べると入居費用は一般的に低くなる

さらに、施設によってさまざまな体制を手厚くしているところも

- 例1 配置医師が常勤で、夜間緊急時も対応
- 例2 看護師の配置を手厚くし、看取りも行ってくれる
- 例3 BPSD改善に力を入れた専門チームを結成
- 例4 栄養改善や排せつの自立に向けた取り組みを強化

※2021年度から「ユニット型個室的多床室」は感染対策の観点から新設は禁止されている

---

mini Column 介護老人保健施設は特養とどう違う？

認知症の人が数多く利用する介護保険施設として、介護老人福祉施設や、より小規模な地域密着型介護老人福祉施設以外では介護老人保健施設（以下、老健）が挙げられます。ただし、特養が「終の住処」として入所する人も多い一方、老健は「そこでリハビリや療養管理を受けて、状態を整えたうえで家に戻る」ことが前提となった施設です。これを在宅療養・在宅復帰機能といい、2017年の介護保険法の改正によって明確に「老健の役割」として位置づけられました。

4-17　有料老人ホーム

有料老人ホームなどに移り住むという選択肢

 結論 認知症ケアについては差が大きい。きちんと事前見学をして、ケアの内容もチェック

○ 介護付と住宅型では何が異なるのか？

　特養ホームの場合、原則要介護3以上の入所条件や待機者が多いという点で（地域にもよりますが）入所が難しいこともあります。

　自宅での介護が難しいとなれば、ほかの選択肢が必要です。それが、**有料老人ホームやサービス付き高齢者向け住宅に移り住んで、そこで介護サービスを受ける**という方法です。ただし、それぞれに入居した場合の介護保険サービスの使い方が異なることもあるので注意が必要です。

　介護が必要になった場合でも入居できる有料老人ホームには、介護付と住宅型があります。前者は、ホームのスタッフから介護保険によるサービスを受けられます。これに対して後者は、一般の家と同じようにケアマネジャーと契約して外部のスタッフによるサービス提供となります。

　サービス付き高齢者向け住宅でも、介護付有料ホームと同じしくみのものもありますが、基本的には先の住宅型のスタイルとなります。

○ 内部スタッフの認知症対応がポイント

　注意したいのは、ホームでのサービスに介護保険が適用されない住宅型です。こうしたホームでも、食事や健康管理などのサービスを（保険外で）提供することはありますが、認知症の人への対応を前提としていない場合もあり、認知症ケアに関しては差があります。

　なかには、認知症がある場合の入居を断るケースもあります。

PART **4** 認知症支援のための医療と介護のサービス

　もちろん、住宅型で外部のスタッフによる介護保険サービスを受ける場合、サービス提供者は認知症ケアに関してそれなりの研修を受けていることも多いでしょう。しかし、日常生活のなかで、接する機会がより多いのは、ホームのスタッフです。となれば、そうしたスタッフの気遣いによって、本人のBPSDの状態に差が生まれてくるわけです。

　たとえば、しっかりしているホームであれば、スタッフに対して、BPSDを悪化させる要因について研修を行っています。落ち着いて過ごせる環境づくりや、本人との接し方も心得ているわけです。

　こうしたホームを選ぶには、入居前の現地見学などに際して、現場の管理者などから「認知症の人への対応はどうなっているか」をしっかり聞くことが欠かせません。ホームによっては体験入居が可能なところもあります。昼夜を通じたホームの環境がどうなっているか、本人の不安や混乱を助長する要因はないかどうかをチェックしたいものです。

有料老人ホーム等の種類

介護付有料老人ホーム
（介護保険の特定施設入居者生活介護の指定を受けている）

住宅型有料老人ホーム
（一般の住宅と同じと考えてよい）

介護サービスは？

ホーム内のスタッフが介護保険の給付によってサービスを提供

外部のケアマネジャーと契約、外部の事業者がサービスを提供

外部事業者にサービスを一括委託しているケースもあるが、ホームが運営者であることに変わりはない

※介護付と住宅型を両方備えている「混合型」もある

ホーム側が自社のケアマネジャーや事業所を勧める場合もあるが、利用者は自由に事業者を選択できる

4−18　訪問診療

通院が難しい場合には訪問診療も活用できる

 まだまだ少ないが、訪問もしてくれる認知症の専門医を探し出せれば大変心強い

○ 認知症のケースほど頼りたい訪問診療

　認知症の人のBPSDを悪化させないためには、持病などの療養をしっかり行うことが必要です。しかし、本人が「通院」に対して強い拒否感がある場合、どうしても診療機会が滞ってしまいがちです。

　こうしたケースで頼りたいのが、訪問診療をしてくれる医師です。かかりつけの病院や診療所が**「在宅療養支援」**の病院・診療所をうたっている場合には、その機関の相談員（MSW）に相談してみましょう。

　往診というのは、あくまで患者側の要望に応じた随時の訪問となりますが、訪問診療は定期的な診療となるので、日々の健康管理に有効です。

○ 認知症専門医による訪問診療にも注目

　そのうえで、地域に行ってくれるケースがあるかどうかを確認したいのが、認知症専門医による訪問診療です（本人のBPSDが急に悪化するなど、緊急時に訪問対応してくれるケースも含む）。

　他科の訪問診療医も、認知症専門医から助言を受けているケースは多いでしょう。しかし、専門医に訪問してもらうことで、家族も（本人への対応などにかかわる）さまざまな相談にのってもらいやすくなります。

　いわば、認知症に関して「抑えのエース」的な存在となるわけです。

　認知症初期集中支援チームがかかわった段階で、そうした訪問診療のできる認知症医が地域にいないかどうかを確認してみましょう。

PART ④ 認知症支援のための医療と介護のサービス

認知症の人に訪問診療が有効な理由

- 本人が「自分はどこも悪くない」と通院拒否
- 本人の通院に付き添いが必要で、家族に負担
- 持病の管理が不十分だとBPSDの悪化にも……

↓ ↓ ↓

定期的な訪問診療の活用によって本人と家族の穏やかな生活が継続しやすくなる

チェック!
↓

かかりつけ医の所属する病院・診療所が……

- 在宅療養支援診療所・病院であるか
- 認知症地域包括診療料の届け出を行っているか
- 認知症サポート医と連携をとっているか

---

mini Column　歯科の訪問診療も積極的に活用したい

歯科の医療機関も訪問診療を行うケースが増えています。入れ歯の具合が悪く歯科通院が必要だが、身体機能の低下で通院が難しくなったり、認知症で通院拒否があるといった場合、歯科の訪問診療の活用も考えてみましょう。

実は、歯をはじめとする口腔の健康と認知症は大きな関係があることが分かっています。たとえば、高齢者の場合、歯の数が少ないほどアルツハイマー病のリスクが上がるというデータがあります。また、歯周病があることで認知機能が低下しやすいという研究報告もあります。この点を考えると、歯の健康を維持することは、認知症の進行を抑制する可能性もあるわけです。地元の歯科医師会などに、訪問歯科を行う医療機関について尋ねてみましょう。

> 4-19 入院時の認知症ケア

病院に入院した場合 そこでの認知症ケアは?

 結論 2016年度の診療報酬改定で、入院時の認知症ケアを制度化。チームでの手厚い対応などが期待できる

○「入院」が本人の心身に与える影響は?

　認知症の人とその家族にとって、厳しい状況となりがちなのが「本人の持病悪化やケガなどで入院が必要になった」場合です。

　何度か述べているように、大きな環境変化は認知症のBPSDを悪化させるリスクがあります。特に、手術などは心理的なダメージも大きく、ここに「術後のせん妄」などが絡んでくると、退院した後も穏やかな生活を取り戻すまでに相当な時間や手間がかかりやすくなります。

○ 院内に認知症ケアチームを設けている病院もある

　そうしたなか、入院先の医療機関では、本人の退院後を見据えて「院内での認知症ケア」に力を入れるケースが増えています。

　その後押しとなっているのが、16年度の診療報酬の見直しで設けられた「**入院医療機関における認知症ケア加算**」です。

　そのなかでより高い加算をとるためには、以下の条件を満たすことが必要です。それは、医療機関内に認知症の人の診療や看護に十分な経験がある医師や看護師による「**認知症ケアチーム**」を設けることです。

　そして、このチームと病棟側が連携して、認知症のBPSDなどを考慮した看護計画を作成することになっています。また、計画作成に際しては、家族と「本人の退院後の支援」についても話し合います。事前に、入院先が認知症ケア加算をとっているか調べておくといいでしょう。

PART 4 認知症支援のための医療と介護のサービス

認知症加算をとっている病院の取り組み

認知症ケア加算Iをとっている病院の場合

院内に「認知症ケアチーム」を設けている

認知症ケアチームのメンバー
❶ 認知症の診療に十分な経験をもっている専属の医師
❷ 認知症患者の看護経験が5年以上あるなどの看護師
❸ 認知症患者の退院調整経験がある社会福祉士など

「認知症ケアチーム」が行うべきこと

❶ 病棟と連携して、認知症のBPSD等を考慮した看護計画を作成し、それを実施すること
❷ 週1回程度のカンファレンスと患者の様子を見ること

※2024年度からは、せん妄になりやすい患者のリスク因子のチェックも実施

Column 入院前後からのさまざまな打ち合わせ

昨今の医療改革によって、入院治療・手術後は「できるだけスムーズに退院してもらう」という流れが強まっており、入院前後から医療機関と本人・家族がさまざまな打ち合わせをする機会が増えています。たとえば、入院前から「病院内でどのような治療やケアが行われるか」をきちんと本人・家族に説明することなどに配慮した報酬項目も設けられています（入院時支援加算）。また、入院から間もない時期に、やはり本人や家族と面談して、「スムーズな退院が可能かどうか」を検討する機会も設けられています。家族としては、入退院に際して「病院側との面談機会が増える」ことを頭に入れておくようにしましょう。

4-20　医療と介護の連携

スムーズな退院に向け医療と介護が連携する

 退院に向けた病院とケアマネジャーの打ち合わせ。GH（グループホーム）では退院後の受け入れ準備

○ 病院とケアマネジャー等の打ち合わせ機会

　認知症の人が手術や治療で入院していて、退院の日取りが決まったとします。このとき、どんなに院内での認知症ケアが手厚く行われていたとしても、本人には少なからず心身へのダメージは残っています。

　この点を考えれば、「本人を送り出す」側の病院と、「本人を受け入れる」側の介護や在宅医療の担当者がしっかり協力しあうことが必要です。

　たとえば、すでに本人にケアマネジャーやかかりつけ医がついている場合、これらの人々が退院に際して打ち合わせや家での療養にかかる注意点等を確認するしくみがあります。これを**退院時共同指導**といいます。

○ GHが「受け入れ」準備を行いやすいしくみ

　また、本人がGHなどに入っていたとして、再び「住み慣れた場所」に戻る際に、受け入れる側が「本人が穏やかに過ごせる」よう環境などを整えられるようにしているしくみもあります。

　たとえば、GHの場合、本人が入院してしまうと本来はGHでの介護サービス費は発生しません。それだと、本人が退院してきた場合に備えて環境をしっかり整えたりする余裕がなくなります。

　そこで、18年度からは、本人が入院している間でも一定のサービス費がとれることになりました。家族も心得ておきたいポイントです。

PART 4 認知症支援のための医療と介護のサービス

認知症の人の退院後の生活を穏やかにするための取り組み

本人の退院が決まる

↓ ↓

入院していた医療機関と、担当ケアマネジャーやかかりつけ医などが必要な情報などを確認する打ち合わせ機会を設ける

GHで、退院後の本人のBPSD緩和などに向けた取り組み準備（環境整備や集中的なケアなど）を行いやすくするしくみ

↓ ↓

退院時共同指導

入院中でもGHに介護報酬が入るしくみ

家族としては、これらのしくみについてケアマネジャーやGHから事前に説明を受けておくとよい

 Column **退院時共同指導にはいろいろな職種も参加**

退院時共同指導に参加するのは、ケアマネジャーや外来・訪問診療を担う医師だけではありません。たとえば、認知症BPSDの改善にも影響する服薬管理に関して、かかりつけの薬剤師などが参加することもあります。また、退院後に訪問看護を提供する看護師も出席し、家での療養について、医療機関側からの指導内容を伝えてくれることもあります。訪問や通所でのリハビリを手がける専門職も同様です。家族としては、「退院したものの、どのような点に注意すればいいのかわからない」という戸惑いもあるでしょう。そうした場合に医療機関からの注意点を実地できちんと伝えてくれる機会は大変心強いといえます。

4-21 認知症とリハビリテーション

認知症があっても しっかりリハビリを行う

 認知症の人に合ったリハビリテーションがある。「できること」を維持することが心の安定にもつながる

○「できないこと」へのストレスを緩和

　認知症の人が入院したり、運動機能が低下すると、それまで「できていた」ことが「できなくなったりする」ことがあります。

　本人には「自分の身体の状態」を自覚することが難しいため、「できないこと」が強いストレスになったり、無理に「やろう」として（例えば、自力で歩けないのに歩こうとするなど）事故を起こしやすくなります。

　こうした点を考えたとき、認知症の人も状態が悪化してから早期にリハビリを行い、運動機能の維持・向上を図ることが大切です。

○ 認知症の人向けの短期集中リハビリテーション

　しかし、認知症の人は「リハビリをすることの大切さ」が十分に理解できないため、ちょっとでも疲労や苦痛を感じると、かえって心理的に不安定になりかねません。つまり、認知症の人に合ったリハビリの方法を考え、計画的に行っていくことが必要になるわけです。

　こうした認知症の人の心や身体の状態に合わせた、集中的なリハビリを、**認知症短期集中リハビリテーション**といい、認知症リハビリに関する専門の研修を受けた医師などの指示によって行われます。

　なお、2024年度からは、この認知症短期集中リハビリについて、通所（デイケア）に加え、訪問リハビリも実施対象となりました。通所が難しいというケースでも、リハビリ効果を上げる期待がたかまります。

PART ④ 認知症支援のための医療と介護のサービス

認知症の人への効果的なリハビリテーション

一般的なリハビリ → 認知症の人

「なぜ、それをやるのか」が理解できない。そのため、「きつい」「疲れる」という不快感が生じやすい

そこで……

認知症短期集中リハビリテーション →
❶その人が自然と身体を動かしやすい環境を設定していく
❷本人の様子を見ながらペースや回数を細かく調整していく

認知症の人のリハビリについて専門的な研修を受けた医師などが指示を行う

Column 認知症の人のリハビリ効果を上げるには？

認知症の人が生活のしづらさを解消するためのリハビリを行う場合、課題となるのが、「リハビリの場」ではできていても、家では生活環境が変わるために「できなくなる」ケース。そこで、介護老人保健施設（老健）での認知症短期集中リハビリでは、あらかじめリハビリの専門職が家を訪問して生活環境などを確認し、それを考慮したリハビリ計画を立てるというやり方がとられています（2024年度からは、この取り組みを介護報酬上でも評価）。これにより、家に戻ったとき、老健で行っていたリハビリの効果を家で発揮しやすくなるわけです。認知症の人にとっては、こうした環境面の連続性が何より重要になります。

4-22 若年性認知症のリハビリテーション

若年性認知症の場合のリハビリはどうなる?

 その人の病態やニーズに合ったリハビリを行いたい。専門コーディネーターなどに相談する

○ 地域とつながるような活動機会を設ける

　若年性認知症の人の場合、高齢者よりも社会との接点を取り戻したい意欲が強いなど、ニーズが多様化する傾向があります。

　リハビリについても、ひとつの事業所内で行うだけでなく、地域のいろいろな人や機会とつながるような活動機会が求められるでしょう。

　こうしたしくみはまだ始まったばかりですが、若年性認知症専門の認知症対応型デイサービスなども少しずつ見られるようになりました。

○ 本人の不安や混乱に配慮した段階的な支援

　一例ですが、その人のニーズにあった社会活動を目標に設定し、そこに向けて段階的にリハビリを続けていくやり方があります。

　たとえば、スタッフと一緒に地域に出かけていって、公園の掃除をしたり、家具等の修理を行ったりなどという具合です。

　ただし、見当識が衰えている場合、いきなり地域に出向くと周囲の環境に圧迫感を感じたり、思ったようにできなかったりすることの焦りから混乱や不安が強まることがあります。そこで、一緒に出かけるスタッフとの信頼関係をしっかり築き、作業を行う場合のコミュニケーションのとり方などを工夫するなど、準備を整えることが必要です。

　また、本人が取組みやすい環境を築くには、ピアサポートも有効です。詳細は158ページを参照してください。

PART ④ 認知症支援のための医療と介護のサービス

若年性認知症の人のリハビリテーション

- 高齢者と比べると社会参加や就労継続などへの意欲が強い
- 社会のなかで「自分の役割」を求めるなかで活動に向けたニーズも多様化

⬇

本人のニーズをきちんとくみ取りながら社会参加型活動などを目標に設定

⬇

目標に向けた段階的なサポート

- サポートスタッフとの信頼関係
- コミュニケーションのとり方等の訓練
- 現実見当識訓練により現実認識を深める

現実見当識訓練とは……本人の名前や年齢、今いる場所、日時などを繰り返し質問しながら、現実への認識を深めていく訓練。リアリティ・オリエンテーションともいう

Column 若年性認知症支援コーディネーターとは

都道府県に配置されていて、若年性認知症の人やその家族からの相談を受け、さまざまな支援機関とネットワークを組みながら、その人のニーズに合った支援やリハビリサービスなどへと結びつけてくれます。本人が就労継続を希望している場合には、職場との連携も図ります。また、本人が会社勤務中に発症した場合の休業補償など経済的な支援策の紹介や手続きなどのサポートも手掛けます。まずは、最寄りの若年性認知症に関する相談窓口（77ページ参照）に相談してみましょう。

4-23　支援の担当者

認知症支援者にはどんな人がいるか（一覧）

結論 さまざまな打ち合わせ等の機会があるなかで、支援を担当する人の資格や特徴を知っておくと役に立つ

●医師

かかりつけ医	本人の持病等の治療に関わる専門医。認知症対応力向上研修を受けていれば、認知症にも一定の理解あり
訪問診療医	通院が難しい患者に対して、定期的に自宅等を訪問して持病等の診療を行う。多くは往診対応も可能
認知症サポート医	認知症サポート医養成研修を受けた医師で、かかりつけ医に対して認知症に関する助言等を行う

●そのほかの医療・看護系職種

認知症認定看護師	認知症看護において相応の看護技術・知識があると認められた看護師。病棟の認知症ケアチームなどを構成。訪問看護の現場でも活躍
訪問看護師	患者の自宅等を訪問し、医師の指示のもと本人の療養管理を行う。訪問看護ステーションなどに在籍
歯科医師	歯科治療だけでなく口腔関係全般に対応。訪問診療や施設等での口腔ケア指導などを行うケースもある
歯科衛生士	歯科医師の指示を受けて、患者の口腔衛生等の管理を行う。自宅・施設等へ訪問するケースもある
薬剤師	薬局等に勤務するだけでなく、居宅療養管理指導として訪問による服薬管理なども手がける
栄養士	患者の栄養管理や口腔の状況に合わせた食事の工夫などを担う。国家資格保持者は管理栄養士となる

●リハビリテーション関係

理学療法士（PT）	座る、立つ、歩くなどの基本動作の回復・維持や運動・温熱療法などにより運動機能の悪化防止などを担う
作業療法士（OT）	生活に密着した動作（着替え、食事など）の訓練や動作をスムーズに行うための環境整備などを担う
言語聴覚士（ST）	言語に障害等がある人の機能の維持・回復を行う。食事の自立に欠かせない嚥下機能の維持・回復も

PART ❹ 認知症支援のための医療と介護のサービス

●介護・福祉関係

ケアマネジャー （介護支援専門員）	自宅で介護保険サービスを受ける場合に、サービス計画を立案したりサービスを手配。施設勤務のケースも
介護福祉士	介護関連の国家資格保持者。さまざまな介護現場でリーダー的役割を発揮。たんの吸引等など一部の医療的ケアも行う
ホームヘルパー	訪問介護に従事し、自宅を訪問して日常生活上の介護を行う。介護職員初任者研修などを修了して勤務
生活援助のホームヘルパー	18年4月に誕生した訪問介護の生活援助（家事等のサポート）専門のヘルパー。専門研修を受けている
生活相談員	介護保険施設やデイサービスなどで、利用者や家族からのサービス上のさまざまな相談援助を行う
医療ソーシャルワーカー	医療機関に在籍して患者の医療や介護に関するさまざまな相談にのる。入院中からケアマネジャー手配も
社会福祉士	社会福祉関連の国家資格保持者。上記の生活相談員や医療SWが同資格を保持しているケースもあり
精神保健福祉士	精神保健に関する国家資格保持者。精神科系医療機関などに勤務し、認知症対応にも精通している
相談支援専門員	障害者の地域生活をサポートすべく、障害福祉サービスに関する相談やサービス手配を行う
福祉用具専門相談員	福祉用具業者などに在籍。その人に適した福祉用具（車いすなど）をコーディネートしたり、福祉用具にかかわる相談の対応を行う

●介護現場における認知症関連の研修

認知症介護基礎研修	介護現場で働く人のための認知症ケアの入門的研修。現場の無資格従事者にも受講が義務づけられた
認知症介護実践者研修	介護保険サービスの現場において、質の高い認知症ケアを普及させることを目的とした実践者向け研修
認知症介護実践リーダー研修	実践者研修で学んだことをさらに掘り下げ、介護現場で指導者・リーダーを務めるうえで必要な知識を修得
認知症介護指導者養成研修	介護現場における認知症ケアに関する研修計画を企画・立案し、講義・演習なども行える技能を修得

●地域の認知症支援

認知症地域支援推進員	認知症の専門的知識及び経験を有する医師や介護福祉士やそれ以外で市区町村が認めた者
認知症サポーター	認知症に対する正しい知識と理解を持ち、地域で認知症の人やその家族に対してできる範囲で手助けする

介護サービスを受ける際に
家で本人も参加しての サービス担当者会議とは?

　自宅をベースとして訪問や通所での介護保険サービスを受ける場合、支援者が一堂に会するサービス担当者会議が行われます。

　これは、本人の意向やそれにもとづいた目標に向け、支援者が同じ方向を向いてサービスを行えるように意思疎通を図るための会議です。担当ケアマネジャーが司会進行を行いながら進められます。

　こうした会議では、「本人の意向」をきちんと尊重するという観点から、家族だけでなく本人も参加します。

●サ担会議に本人が参加することの意義

　「本人は認知症なのだから、会議に参加しても意味がないのでは?」と思われがちですが、そんなことはありません。認知症の人は、「その場で何が行われているのか」が具体的に理解できなくても、「自分を支えてくれる人の集まりである」ことは察知しています。

　つまり、本人にとっては、「支援の中心にいる」ことを体感することにより、強い安心感を得るうえで大切な機会となるわけです。

　また、支援者が一同に会する場というのは、サービス担当者との関係を築く機会としても重要です。

　なお、2021年4月からサ担会議もオンライン(zoomなど)での開催が可能に。2024年4月からは、ケアマネジャーによる定期訪問での面談も同様です。いずれも本人・家族の了承が必要です。認知症の人は、画面では相手を認識しにくいこともあります。家族が「大丈夫」でも、本人の意向を無視しないようにしましょう。

PART

サービスⅡ

身近にある多様なサービスをもっと活用する

> 5-1　地域の身近な支え

認知症の人と家族を
サポートする地域資源

 結論　本人の「面」の生活を地域全体の支えで維持。公的な医療・介護サービスだけでは足りない部分もサポート

○ 認知症の人には「広い面」での支えも必要

　認知症の人の暮らしは、医療や介護のサービスを受けている以外でも24時間、毎日続いています。行動範囲も、家と介護サービス事業所の往復だけではなく、地域全体が視野に入ることもあります。
　いわば「広い面」での支えが、認知症の人には必要になるわけです。
　しかし、「広い面」を家族だけで支えるのは困難です。医療や介護のサービスを受けていない時間帯でも、家族の介護負担を減らしつつ、本人らしい生活をサポートできるしくみが必要となります。
　そこで、本章では、認知症の人の「面」の暮らしの支えとなる身近な社会資源を発見し、それを活用する方法を紹介しましょう。

○「面」をサポートするための3ポイント

　ひとつは、身の回りの日用品やグッズなどを活用し、認知症の人が暮らしやすい環境を整えること。高齢者の場合、家のなかが生活の主舞台となりがちな点を考えれば、住環境にも配慮する必要があります。
　2つめは、専門職以外の地域のさまざまな人々による「支え」に着目することです。住民組織などによるボランティアだけでなく、ご近所の人のちょっとした気遣いなども力強いサポートとして欠かせません。
　3つめは、公的医療・介護以外のさまざまな制度です。お住まいの自治体独自の制度などにも、意外に使えるものがたくさんあったりします。

PART 5 身近にある多様なサービスをもっと活用する

認知症の人や家族を支えるには

認知症の人の生活を「面」で考えたとき……

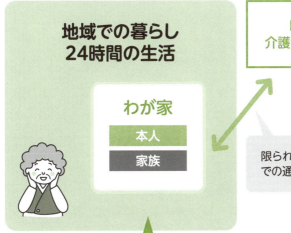

地域での暮らし
24時間の生活

わが家
本人
家族

医療機関や
介護サービス事業所

限られた時間のなか
での通いや訪問など

この部分を「面」で支えていくには、医療・介護といった専門的な支えだけでは足りない。医療保険・介護保険外の制度の活用も必要。「暮らし」を続けるなかでの環境整備も求められる

mini Column　包括や社会福祉協議会で情報収集

昨今、地域情報もたいていのものはインターネットで入手できるようになりました。しかし、「その情報が、本人や家族の事情に本当に合っているかどうか」はなかなかつかみにくいこともあります。アドバイスを受けながら「必要な支え」を探すとなれば、やはり相談窓口がある機関に足を運んでみたいものです。たとえば、初期相談でなじみとなった、最寄り地域包括支援センター（包括）であれば、医療・介護以外のサポート情報（使える制度なども含む）を得ることもできます。また、ボランティア登録などを行っている市町村の社会福祉協議会であれば、住民によるサポート活動の紹介も行っているケースがあります。

5−2　認知症の生活支援のための機器類

生活のしづらさを解消する便利グッズ

 短期記憶や見当識が衰えている点をサポート。一般の雑貨店などのグッズも活用できる

○ 薬の飲み忘れを防ぐ「服薬援助」グッズ

　認知症の人の日常生活のしづらさはどんな点にあらわれるでしょうか。まず、短期記憶が衰えていることで、「近々習慣にしなければならなくなったこと」（例：服薬など）や「最近したこと」（例：直近の買い物で何を買ってきたかなど）を忘れてしまうことが挙げられます。

　これらの解消には、前者の服薬例なら「服薬援助」グッズがあります。

　初期の認知症であれば、**お薬カレンダー**などが有効です。カレンダーの各日付にポケット（あるいはシール）がついていて、そこに1回・1日分の薬を事前に仕分けしておくことで、飲み忘れを防げます。

　もう少し中核症状が進んできた場合には、服薬時間になると音声とともに事前仕分けした薬が出てくるというボックス型などがあります。

○ 本人への「伝言」を伝えるボードなど

　直近記憶に関しては、本人の視線の範囲にホワイトボードなどを取り付け、「直近でしたこと・買ったものなど」を家族が記しておくやり方があります。ホワイトボードなら一般の雑貨店でも入手できます。

　また、タイマーで自動的に音声を再生する機器も活用できます。たとえば、認知症の人の場合、長期記憶では「夕方になったら夕食用の買い物をしなければ」と出かけようとすることがあります。

　その時間に家族が不在なら、このタイマー音声をセットして「夕食の

買い物は済んでいますよ」という家族の声で知らせるわけです。

いきなりの音声に驚く人もいるので、家族の写真などを機器に備えておくと「家族からの伝言だ」という認識がしやすくなります。

本人が「家屋内での生活のしづらさ」を感じるとき

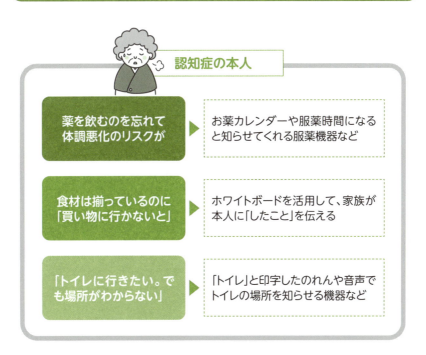

mini Column　トイレの場所を教えてくれる音声機器

生活のしづらさという点では、「トイレなどの場所がわからなくなる」ことが挙げられます。この困りごとをサポートするうえでは、「ここはトイレです（昔の人であれば「便所」や「ご不浄」などの言葉のほうがわかりやすいケースも）」と印字したのれんなどを入口に下げておきます。のれんというのは、長期記憶に引っかかりやすいアイテムであり、本人としては「ここは何だろう」とドアを開ける機会も増えます。また、廊下に出たときにトイレの場所を音声で案内してくれる、トイレの入口を自動的に照らしてくれる照明などの機器もあります。

5-3 見守り機器

本人の安全を守る見守り・危険防止機器など

結論 家族が別居していたり、長時間不在であったりしても、本人の動向を把握しながら危険を防ぐ

◯ 離れていてもネットカメラで安否確認

　家族が別居しているケースはもちろん、日中など長時間不在となるケースでは、常に本人に寄り添えるわけではありません。

　介護サービスなどが関わっていないタイミングで、「本人が危険な状況におかれたら」と不安になるのは当然です。

　そうしたケースで、よく使われるのが**ネットワークカメラ**（5000円台から）です。家屋内で本人の動向がよくわかる場所に設置することで、「本人が不穏になりやすい・危険が生じやすい時間帯」などに、家族側のスマートフォンやPCで本人の様子を確認することができます。

　最近では、音声データも送れたり、テレビ電話のように双方向通信ができたりするもののほか、夜間の暗視機能がついているものもあります。

◯ 本人の生活動向をチェックできるものもある

　もっとも、（対家族であっても）本人がプライバシーを気にすることもあります。そうした場合、先のようなカメラ設置は居間や台所などに限定し、それ以外はほかの機器で安否確認を補うという方法があります。

　たとえば、寝室やトイレのドア、カーテンなどの開け閉め、照明の消灯などがあった場合に、そのつどデータで記録しておくというシステムがあります。そのうえで、一定時間、上記のような「動き」がない場合には、家族の携帯にメールが送信されたり、契約している警備会社に連

絡が行って担当者が安否確認に訪れたりします。

○ ひとりで「出ていってしまう」のを防ぐには……

　認知症の人の場合、家族が気になるのは、「ひとりで外出して帰宅できなくなる」というケースでしょう。本人が外出できないように、内側からの玄関の開け閉めも**オートロック**にするという方法もありますが、「閉じ込められた」という認識から**不穏状態**が強まったりします。

　そこで、本人が玄関から外へ出ようした場合に、設置されたカメラが検知して声（あらかじめ録音してある家族の声など）で制止するという機器があります。同時に、その状況を家族の携帯などにメール送信、家族が屋内の別の場所にいる場合はアラームなどで知らせます。

　こうした、いわゆる「徘徊防止」の検知器については、介護保険でのレンタル対象となっています（142ページ参照）。それでも出て行ってしまった場合の支援策については、144ページを参照してください。

| 5-4　居住環境の整備 |

異食や不潔行為などを防ぐための屋内工夫

 本人が「今どうしたいのか」の視点で考えると、防ぐための環境の整え方が見えてくる

○ 「口にすると危険なもの」は放置しない

　本人の中核症状が進行し、何らかの影響でBPSDも悪化すると、さまざまな危険につながりかねない行動も見られるようになります。

　代表的なのが、**異食**です。台所洗剤を「飲み物」と思って飲んでしまう、ティッシュを「食べ物」と思って口にして喉に詰まらせてしまうという具合です。時には命に関わりかねない事故となります。

　こうした危険行為を防ぐには、危険物を本人の手の届かない場所に保管し、鍵をかけるという方法をとることになります。

○ 雑貨店などで入手できるもので危険防止

　ただし、高い場所にある戸棚などは、本人は長期記憶から「何かが保管してある場所」と認識することがあります。すると、椅子に上って取ろうとしますが、そこで**転落事故**なども生じやすくなります。

　こうした場合の工夫は２つ。ひとつは、戸棚の上から周囲の壁と似た色・模様ののれんを下げ、そこに戸棚があるのをわかりにくくします。

　２つめは、周囲に「昇れる椅子」などを置かないことです。加えて、床に固定金具、テーブルにバックル付きベルトなどを取り付けて、ここに椅子を使わないときには固定してしまうやり方もあります。

　のれんや金具類などは、やはり一般の雑貨店などで入手できるので、家屋の状況なども考慮しながら使いやすいものを選びましょう。

○ 本人なりの「つじつま合わせ」を先回り

　危険行為ではありませんが、本人の生活の質を考えた場合に防ぎたいのが**不潔行為**です。たとえば、汚れた下着や失禁した便などを戸棚や机のなかに隠してしまうなどのケースが見られます。

　こうした場合、やはり戸棚や引き出しに鍵をかけたうえで、近くにそうしたものを入れてもらえる箱などを用意します（本人は「隠したい」という心理があるので、フタ付きの容器などがいいでしょう）。

　認知症の人の場合、見当識や判断力は衰えていても、自分なりに「つじつまを合わせよう」という思考は働いています。

　家族としては、常に「自分が本人だったら」という想像力を働かせて対処を試みたいものです。また、「やってみてうまくいかない」という場合でも焦らず、試行錯誤を続けて正解を見つけていくことが大切です。

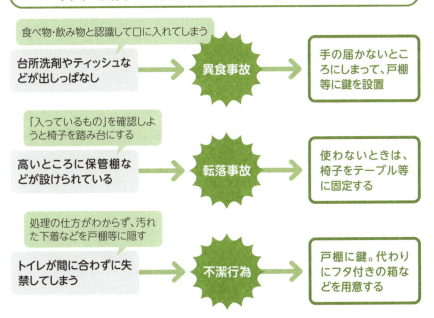

本人の気持ちを推し量ったうえでの「先回り」策

5-5 ドールセラピー

本人のBPSDを和らげる人形など

 結論 センサーや音声認識で声を出す人形やぬいぐるみ。ドールセラピーとして効果あり

○ 認知症ケアで注目のドールセラピーとは？

　BPSDを改善するうえで、周囲との関係づくりや心を穏やかにする五感への刺激など、介護現場ではさまざまな取り組みが行われています。

　そうした取り組みのひとつに**ドールセラピー**があります。これは、感情移入しやすい人形（子どもや赤ちゃん、小動物を模したもの）を活用し、対面する本人の心理状態を穏やかにするという取り組みです。

　ここに、ぬいぐるみなど「さわったときの毛並みの心地よさ」が加わると、**五感への刺激**によって効果がさらに高まることがあります。

○「話しかける」ことが発語練習にもつながる

　こうしたドールセラピーのアイテムとして、①音声認識によって言葉を発する人形（対話型ロボットも）、②毛並みをなでることでセンサーが反応し尻尾をふったり鳴いたりするぬいぐるみなどが見られます。

　①の場合、本人にとっては「話しかける」という機会が増えるので、**発語訓練**にもなります。活発な発語は、ストレスを解消したり酸素を体内に取り入れて脳の血流をよくすることにもつながります。

　いずれもセンサー機能が内蔵されているので、ハイテクのものはおおむね高価ですが、なかには数千円程度で購入できるものもあります。通販のほか、最寄りの家電量販店などでも入手は可能です。購入前に、介護サービス職員などにどんなものがおすすめかを聞いてみましょう。

PART 5 身近にある多様なサービスをもっと活用する

BPSDの緩和に効果のある人形・ぬいぐるみ

- 話しかけると音声認識機能によって、言葉を発する「子ども」の人形
- 高品質シリコンで、本物の赤ちゃんの抱き心地を再現した人形
- なでると尻尾をふったり、鳴き声を出したりする動物のぬいぐるみ
- 話しかけた言葉を真似するぬいぐるみ。数千円台で購入可能

実は、認知症であっても「これは人形」と認識している人も多い。ただ、人形との「やりとり」は幼少時の長期記憶にもつながっているので、「人形を大切に扱うこと」そのものが、本人の心の拠り所となっているという考え方もある

シリコン製の人形。リアルな造りで、ベビーケアトレーニングやドールセラピーに使用される

mini Column 携帯プレーヤーでできるミュージックセラピー

認知症の人の五感への刺激を考えた場合、音楽による聴覚への刺激も方法次第でBPSDの緩和に役立ちます。たとえば、穏やかな音楽や環境音は心の緊張をほぐす効果があります。ここに「その人の長期記憶」に訴える刺激が加わると、心理的な寄るすべとなって、短期記憶や見当識が衰えることによる不安感の緩和にもつながります。そこで、本人が昔聞いていた音楽を携帯プレーヤーで編集し、それを時々聞いてもらってはどうでしょうか。この取り組みは、ミュージック＆メモリーといってアメリカでは認知症ケアに公式に取り入れられ、日本でも普及が始まっています。また、最近では認知機能に効果があると言われるガンマ波サウンドも注目されていて、ガンマ波によるラジオ放送も始まっています。

5-6 介護保険の福祉用具貸与

介護保険等でレンタル可能な認知症対応機器は？

 介護保険の福祉用具貸与の対象で認知症の人向けは、徘徊感知機器のみ。自治体独自の貸し出しもある

○「徘徊感知機器」とはどのようなもの？

　介護保険では、家での介護に必要な器具類のレンタル料を給付でまかなうしくみがあります。では、認知症の人が安心・安全、そして穏やかに過ごせるための器具類は、どこまで対象となっているのでしょうか。

　結論から述べますと、認知症の人に対応する福祉用具で介護保険でレンタルできるものは１種類、**「徘徊感知機器」**のみです。

　たとえば、137ページで述べたような、「認知症の人がひとりで外に出ていきそうになった場合」をセンサーで感知し、本人を音声で制止したり、屋内にいる家族にチャイム等で知らせるというものです。

　ただし、センサーで感知した後に、そのことを「屋外」にいる家族にメール等で知らせるといったオプション部分は**保険外**となります。

○ 外出後の「居場所」を知らせるGPSは？

　上記のように、介護保険でレンタルできるのは、①本人が外に出ていく前の段階（つまり、居室の出入口や玄関）で感知するもので、②感知したことを知らせる範囲は「屋内」のみということになります。

　ちなみに、本人が外に出て行ってしまった場合に、靴や衣服に装着したGPSで「居場所」を調べることができるという機器があります。

　これは介護保険外となってしまうわけですが、自治体によっては公費等で貸し出しを行っているケースもあります。

PART **5** 身近にある多様なサービスをもっと活用する

認知症対応の関連機器。介護保険でのレンタルは？

介護保険でのレンタル対象
※月々のレンタル費用7〜9割が介護保険から給付される
（本人の所得による）

認知症高齢者徘徊感知機器

原則として要介護2以上のケースのみ

認知症の人がひとりで外出しようとするのを屋内（玄関など）で感知して、音声で制止したり、同じく屋内にいる家族などに知らせる装置

つまり、以下は介護保険給付の対象外

外に出て行ってしまった本人を捜索するためのGPS機器

センサーで「外出」を感知して、屋外にいる家族にメール等で通知※

自治体が独自にレンタルしたり購入費を支給しているケースもある

※本体と通信機能が区分できる場合には、本体部分は介護給付の対象となる

---

mini

Column **「居場所」を特定するGPS。どんなものが？**

スマホなどにGPSは搭載されていますが、本人にスマホをもたせても、「それが何か」という認識が衰えていると途中で捨ててしまうこともあります。そこで、GPS本体だけを自然に装着できるしくみが必要です。GPSのなかには3〜4センチ四方という小型のものも開発されていて、これを衣服に縫い付けたり、外出時の靴に装着する方法があります。また、GPSがすでに装着されているシューズ（本人が外出時に必ず選ぶよう、好みのものを選びたい）も販売されています。自治体では、こうしたGPS機器をレンタルするほか、購入費を助成する例もあります。担当ケアマネジャーや包括に、在住する自治体のサービスについて尋ねてみましょう。

143

> 5-7　SOSネットワーク

本人が外に出た場合に誰が捜索してくれる?

結論 全国で設置が進む「SOSネットワーク」。自分たちが住む自治体でのしくみを知ろう

○ 自治体による早期発見のしくみ

　前項のようなGPSを購入すると、オプションとして、提携するセキュリティ会社やタクシー会社などが（GPSで捜索した）本人のもとへ急行し保護してくれるというサービスがあります。

　一方、自治体などが音頭をとって、地域ぐるみで本人の保護に動くというしくみもあります。「**認知症SOSネットワーク**」や「**見守りSOSネットワーク**」など名称はいろいろで、対応の仕方も多様です。

　ここでは、一般的なしくみを紹介しましょう。

○ 本人に関する情報を事前登録しておく

　まずは、本人や家族の希望により、**本人情報の事前登録**を行います。自治体がGPSのレンタルなどを行っている場合、レンタル時に登録を行うことができるというケースもあります。

　登録する情報としては、本人の氏名・性別・住所（家族が別居等の場合は、家族の連絡先）、本人の特徴（本人の顔写真やいつも着ている衣服の特徴なども含む）などが基本となります。

　本人がひとりで外に出ていった場合、家族はその旨を自治体の担当窓口（あるいは包括など）に伝えます。通報を受けたうえで、自治体等は事前に築かれたネットワークに登録情報などを伝えて**捜索を依頼**します。

　GPS情報などが共有できれば、より早期の発見につながります。

PART 5 身近にある多様なサービスをもっと活用する

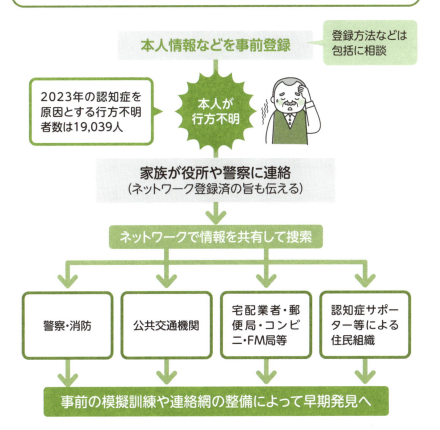

見守り等SOSネットワークの流れ

本人情報などを事前登録 — 登録方法などは包括に相談

2023年の認知症を原因とする行方不明者数は19,039人

本人が行方不明

↓

家族が役所や警察に連絡
（ネットワーク登録済の旨も伝える）

↓

ネットワークで情報を共有して捜索

- 警察・消防
- 公共交通機関
- 宅配業者・郵便局・コンビニ・FM局等
- 認知症サポーター等による住民組織

↓

事前の模擬訓練や連絡網の整備によって早期発見へ

mini Column 地域の特性に応じたさまざまな取り組みが進む

認知症・見守りSOSネットワーク事業については、多くの市区町村で実施していて、国はネットワーク構築を後押しする予算措置等も随時行っています。ネットワークの構成としては、警察や消防組織のほか、バス・鉄道・タクシー等の公共交通機関、宅配業者や郵便局、コンビニ、地元FM局など幅広い協力依頼が進んでいます。もちろん、認知症サポーターなど一般市民にも協力をお願いし、スマホアプリ等を使った「行方不明者情報」の提供や市民間の連携をスムーズに行うための定期的な模擬訓練などを実施するケースも見られます。たとえば、模擬訓練などが行われている場合には、家族が本人をつれて参加し、協力者に本人の顔などを覚えてもらってもいいでしょう。

5-8 認知症サポーター

全国で1400万人規模の認知症サポーター

 結論 SOSネットワークの支え手としてだけでなく、日常のなかでも認知症の人とその家族の強い味方

○ 日常生活のさまざまな場面で活躍

　見守り等SOSネットワークなどでは、本人の早期発見に向けて大きな力となるのが**認知症サポーター**です。

　ネットワークに参加する一般住民だけでなく、公共交通機関や協力事業者で働く人々も養成講座の修了者というケースも増えています。

　また、認知症の人が「困りがち」なさまざまな生活場面でも、認知症サポーターによる支援が期待されます。

　たとえば、認知症の人が銀行で「お金が引き出せなくて困っている」、スーパーで「何度も同じものを買ったり、お金の支払いに不自由している」という場面がよく見られます。そうしたとき、銀行員やスーパーの定員がサポーターであれば、包括などを経由して家族に連絡をとってもらうという対処も可能になるわけです。

○ 時間があれば家族も積極的に受講したい

　サポーター養成講座では、認知症という病気の基本や認知症の人への基本的な接し方などを学びます。認知症の人への対応例をまとめたDVDなどを上映して、認知症への理解を深めることもあります。受講料は無料です。家族としてもサポーター養成講座を受けてみて、本人への対応の仕方を学んでもいいでしょう。ご近所の人を誘えば、いざというときに支えてくれる地域の手を増やしていくこともできます。

PART 5 身近にある多様なサービスをもっと活用する

認知症サポーターとはどんな人？

地域で　学校で　職場で
↓
認知症サポーター養成講座（1時間程度）を受ける

一定の養成研修を積んだキャラバンメイトが講師となり、認知症の基礎知識や、サポーターとして地域や学校、職場で何ができるのかを学ぶ

認知症サポーターになる
（受講者に支給されるオレンジリングを身につける）

- SOSネットワークに参加して行方不明の認知症の人を探す
- 日常生活で困っている認知症の人に声をかけ、できる範囲で手を貸す
- 「認知症の人がいる家族」の話を聞いて、悩みを専門機関につなげる

mini Column　サポーター活躍の場を広げるチーム・オレンジ

今や、国民の10人に1人が認知症サポーター養成講座を受けるまでになりました。コロナ禍を経て、養成講座のオンライン化も進んでいます。
課題は、多くの認知症サポーターが、認知症の本人や家族のニーズにきちんと応えられるかどうかです。そこで、市町村にコーディネーター（認知症地域支援推進員など）を配置し、本人・家族のニーズに認知症サポーターなどの支援者をつなげるしくみが進められています。これをチーム・オレンジといいます。
たとえば、ボランティアで訪問して本人の話し相手になったり、外出に付き添うといった役割が考えられます。国は、このチーム・オレンジを2025年までにすべての市町村で立ち上げることを目指しています。

5-9　認知症カフェ①

「認知症カフェ」による地域での居場所づくり

結論 地域で認知症の人同士、家族同士が交流をもちつつ、時には専門家とも話す機会がもてる

○ 2013年度からは国による財政支援も行われている

　認知症カフェは、地域の福祉センターやコミュニティセンターの一室、あるいは休日でお休みのデイサービス事業所などを活用し、認知症の人や家族が気軽に立ち寄って過ごせる「カフェ」を設けるという取り組みです。認知症総合支援事業の一環として、2013年度から運営についての国の財政支援も行われています。2022年度の時点で、47都道府県1563市町村にて8182カフェが運営されています。

○ 専門職が同席して相談にのることもある

　実施主体は、地域包括支援センター（包括）や介護サービス事業を運営する法人などが多いのですが、地域のNPO法人やボランティア団体などが手がけているケースも見られます。

　時には、認知症専門医や介護職などもボランティアで訪れ、専門職の立場から本人や家族の相談にのることもあります。

　とはいえ、何か決まったプログラムなどがあるわけではありません。手芸・工芸などを行う場合もありますが、あくまで本人が「やってみたい」という活動をスタッフがお手伝いするだけです。大切なのは、本人や家族が気軽に立ち寄って、ゆったり過ごすこと。本人と家族が「閉じこもり」となりがちなのを、地域の居場所づくりによってサポートしていくわけです。参加費は無料〜300円（飲み物代）程度です。

PART 5 身近にある多様なサービスをもっと活用する

2022年度時点での「認知症カフェ」の状況

●都道府県別実施状況(設置カフェ数)

都道府県	カフェ数	都道府県	カフェ数	都道府県	カフェ数
北海道	326	石川県	169	岡山県	152
青森県	84	福井県	50	広島県	268
岩手県	139	山梨県	61	山口県	110
宮城県	244	長野県	159	徳島県	63
秋田県	117	岐阜県	183	香川県	76
山形県	114	静岡県	191	愛媛県	65
福島県	167	愛知県	569	高知県	122
茨城県	133	三重県	120	福岡県	260
栃木県	70	滋賀県	83	佐賀県	40
群馬県	189	京都府	160	長崎県	66
埼玉県	470	大阪府	460	熊本県	145
千葉県	253	兵庫県	385	大分県	88
東京都	598	奈良県	98	宮崎県	64
神奈川県	404	和歌山県	63	鹿児島県	162
新潟県	152	鳥取県	55	沖縄県	87
富山県	86	島根県	62	計	8182

●設置主体

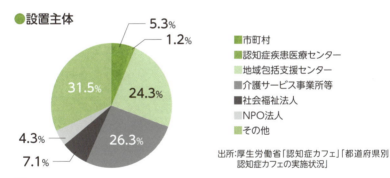

- 市町村
- 認知症疾患医療センター
- 地域包括支援センター
- 介護サービス事業所等
- 社会福祉法人
- NPO法人
- その他

出所:厚生労働省「認知症カフェ」「都道府県別認知症カフェの実施状況」

> **mini Column　コロナ禍を経て、認知症カフェはどう変わった？**
>
> 全国の認知症カフェの設置数は、2019年度までは右肩上がりで伸び続けていました。ところが、2020年度には初めて減少に転じる事態に。言うまでもなく、新型コロナの感染拡大によって、対面開催が難しくなったことが影響しています。
> コロナ禍では、それでも活動を継続しようとオンライン開催や手紙等で利用者の様子を伺うといったさまざまな工夫がなされ、国もそうしたコロナ禍の活動をサポートするための手引きなども示しました。認知症カフェにとっては厳しい状況でしたが、その中で培われた運営にかかる総意工夫が活動のブラッシュアップにもつながりつつあります。

5-10 認知症カフェ②

地域にあるさまざまな「認知症カフェ」を探す

結論 自治体広報やHPなどでカフェの開催スケジュールを確認。本人にあったスタイルを選ぶ

◯ とりあえず足を運んで特徴をつかむ

「認知症カフェ」には、地域の特性や主催者の考え方によってさまざまなものがあります。まずは、自治体の広報誌や包括の窓口で、最寄りの「認知症カフェ」の開催情報を確認して足を運んでみましょう。

認知症カフェには、地域の特性や運営者の企画・発案によって、さまざまなスタイルがあります。おおむね共通するのは、単なるお茶会で終わるのではなく、合間にミニレクチャーやミニコンサートなどの催しを差し挟むことです。後者なら、その地域で昔から歌われている民謡などを、地元の保存会の協力を得て披露するといった具合です。

本人の長期記憶に訴えて、気分を穏やかにする効果も認められます。

◯ 特徴ごとに分類して開催予定をおさえる

いくつか「なじみのカフェ」ができたら、それぞれのカフェを特徴ごとに分類しておくと便利です。たとえば、以下のような具合です。

①認知症専門医などの専門職が同席するかどうか、②手工芸など本人の「楽しみ」とできる活動があるかどうか、③一般の民家を活用するなど、本人の長期記憶に訴えるような環境が整っているかどうか、④認知症の人の家族も多数参加して、家族同士の交流がもちやすいかどうか。

こうした特徴ごとに分類してカレンダーに開催日を記しておけば、「デイサービスがない日」などの居場所を計画的に作ることができます。

PART 5 身近にある多様なサービスをもっと活用する

本人に合った「認知症カフェ」探し

STEP 1　自治体広報や地域包括支援センターで最寄りの「認知症カフェ」の開催情報を入手

STEP 2　移動等で本人の負担のかからないカフェにとりあえず参加してみる（主催者に問い合わせたうえで、最初は家族だけでリサーチ的に足を運んでみても可）

STEP 3　試しに参加してみたカフェの特徴を整理

❶認知症専門医などの専門職の同席はあるか？
❷本人が「楽しみ」と感じる活動などがあるか？
❸開催場所の環境整備はどうなっているか？
❹家族同士も交流できるような雰囲気か？　など

mini Column　子どもたちと交流できるカフェも登場

昨今、家庭の事情などでしっかりした食生活をおくるのが難しい子どもたちを対象に、「こども食堂」などの活動が全国に広がっています。その場を「認知症カフェ」としても活用し、認知症の人と子どもたちが一緒に過ごすというスタイルも見られるようになりました。時には、子どもたちに出す食事をスタッフと認知症の人が一緒に作るという場面も見られます。国は子どもたちや障害者、認知症の人などがともに支え合うという共生型社会の構築を進めています。こうした「こども食堂」＋「認知症カフェ」といった複合スタイルもこれから増えてくる可能性があります。ただし、認知症の人が穏やかに過ごせるかどうかについて、専門職がきちんと関わりながら、試したうえで改善を図るというしくみも必要でしょう。

151

5-11 コミセン活動

本人が進んで参加できる場をもっと探す

 結論　地域のコミセンなどでは、さまざまなサークル活動が行われている。主催者と参加の相談をしよう

○ 地域にはさまざまなコミセン活動がある

地域では、一般の人々によるさまざまな自主活動が行われています。

趣味のサークル活動をとっても、書道、華道、絵画、工芸、歌、ダンスと幅広い分野にわたります。そうした活動の多くは、自治体が設置するコミュニティセンター（コミセン）で行われているため、**「コミセン活動」**などといわれることがあります。

地域の人が自主的に運営・参加するのですから、認知症の人にも参加する資格はあります。家族としては「認知症があるからほかの参加者に迷惑がかかる」と考えがちですが、「壁」を設ける必要はありません。

○ 活動の主催者にまずは相談してみる

すでに述べたように、全国には1400万人以上の認知症サポーターがいます。国民の10人に1人という数字を考えれば、各種コミセン活動を主催する人のなかにも、サポーターがいる可能性は十分にあります。

本人がかつて入れ込んでいた趣味があれば、それに関連したコミセン活動を見つけて、まずは主催者に相談してみましょう。

地域にどんなコミセン活動があるのかについては、**自治体広報**のほか、**役所の生活関連部署**に問い合わせたり、地域包括支援センターなどの委託を受けている**法人のHP**などでチェックしましょう。

なお、コロナ禍などでコミセンそのものが閉鎖されるケースもありま

すが、最近ではオンラインで参加できる催しなども増えているので、自治体のホームページで確認してみましょう。

○ 本人が「自主的」に取り組むことが大切

　認知症に理解ある主催者が見つかったら、まずは本人と一緒に見学します。実際にこんな話があります。書道サークルの見学に行ったところ、本人は用意してあった筆を執り、ごく自然に文字を書き始めました。

　このケースでは、主催者の好意により、空いた机と筆、墨、半紙などがあらかじめ整えられていました。本人は、昔書道にいそしんでいた長期記憶から「ここは書道教室の場だ」と認識し、誰が勧めたわけでもなく、空いた机に座って墨をすり始めたというわけです。

コミセン活動への参加

本人の「昔していた活動」を掘り起こす

本人の職業歴	本人の趣味歴	本人の学歴 （美大・工大など）

まずは、これらに関する絵や写真、録画したテレビ番組などを一緒に見て、本人が「熱意」を示すかどうかを観察する

「熱意を示した」活動に関連するコミセン活動を探して、まずは見学

認知症カフェのスタッフや担当のケアマネジャーなどにも相談しながら、無理なく行う

> 5-12 地域での取り組み

認知症の人がお世話する側となる取り組みも

 結論 認知症カフェや小規模多機能型事業所の運営者とつながりをもって、本人が主人公になれる機会をつくる

○ 話題の「認知症の人が従事するレストラン」

　近年話題になった取り組みとして、**「認知症の人が従事するレストラン」**があります。注文をとったり料理を運ぶのは認知症の人です。また、最近では認知症の人が調理を担当する飲食店も誕生しています。

　認知症があるので注文を間違えたりすることもあります。でも、お客は注文と違った料理が出てきても、料理を楽しんで過ごします。

　こうした認知症の人が「地域の人々に貢献する」という取り組みは、実は小規模多機能型などでは以前から行われています。

　たとえば、事業所の軒先に縁台を並べ、学校帰りの子どもたちがそこで漫画などを読めるようにします。子どもたちがやってくると、利用者が飲み物やお菓子を出してもてなすという具合です。

○ 役割を果たすことが「心の落ち着きどころ」になる

　認知症の人も、自分たちが主人公となって「役割」を果たすことは、その人の「心の落ち着きどころ」を手にする大きな機会となります。

　この点を考えたとき、家族としては、「本人が主人公となれる機会はないか」を頭に入れながら、認知症カフェや小規模多機能型事業所の運営者と話をする際に積極的に話題に出していきたいものです。

　季節の祭りなど地域にはたくさんの催しものがあります。そこで認知症の人がかかわれることはないかなど、いろいろ考えてみましょう。

PART 5 身近にある多様なサービスをもっと活用する

認知症の人が地域に「貢献」できることを探す

認知症の人の長期記憶に
蓄えられた豊富な経験や知識

子育て経験
▼
子どもの面倒をみたり一緒に遊ぶ

職能経験
▼
家具を修理したり、農作物を作る

指導者経験
▼
サークル等で得意分野を教える

地域の祭りなどの機会に、認知症カフェの運営者などと相談しながら「本人ができること」はないか考え、企画を立てる

Column 家族同士のつながりで「街歩きクラブ」を

認知症カフェなどで出会った家族同士が交流を深めるなかで、自然とサークルのようなものができる場合があります。そのまま認知症カフェの分店のような活動につながるケースもあります。そうしたなかで、月に1回程度、認知症の人と家族が集まって（ボランティア等のサポートも受けながら）「街歩き」をする光景も見られます。街に出る機会をもつことで、屋内にいるだけでは見えなかった「本人の興味・関心」が浮かんできて、そこに「本人がどうすれば落ち着けるか」というヒントが隠されていることもあるからです。外を歩くことは有酸素運動にもなるので、BPSDの改善にもつながるメリットもあります。

155

5-13 主体的な本人発信

認知症の本人による
ミーティングや相談支援

 結論 認知症の人の声を聞いて施策に活かしたり、本人によるピアサポートなども始まっている

○ 認知症の人が発信する「本人ミーティング」

　認知症の人にとって暮らしやすい社会づくりを進めるうえで、基本となるのは「本人の話をきちんと聞く」ことです。

　国の認知症施策推進大綱でも、全市町村に対して「本人の意見を重視した取り組み（施策展開）」を求めています。

　その「意見を聞く場」として、全国で進められているのが「本人ミーティング」です。これは、認知症の人同士が集い、自分の体験や必要としていることを率直に話すという機会です。その場には行政や関係者も同席して、本人の話に耳を傾け、さまざまな支援に活かします。

　お住まいの地域で本人ミーティング開催が告知されたら、積極的に参加してみましょう。地域のなかで「自分の役割が果たせている」という実感は、本人がいきいきと暮らすうえで大切なポイントです。

○ 当事者が相談支援を手がける「ピアサポート」

　「自分の役割を果たす」という点で、もうひとつ注目したいのが、認知症の人による「ピアサポート活動」です。

　これは、すでに認知症の診断を受け、それでも不安を乗り越え前向きに生活している人が「ピアサポーター」となり、認知症の人への相談支援を行う取り組みです。相談者の不安をもっともよくわかる人が支援者となることで、本人が気軽に相談できる環境が築けるわけです。

PART **5** 身近にある多様なサービスをもっと活用する

認知症の人が自ら発信できる場所

認知症の人は「支援を受ける」だけではない

↓

**認知症の人にも、それまでの体験や
そこから生じる意見や思いがある**

↓

**思いを共有できる仲間がい
る。思いを地域づくりに活
かす場がある**

**経験した者だからこそ、認
知症の人に対して真の共感
力が生まれる**

↓

本人ミーティング

ピアサポート活動

↓

**地域のなかで「役割を果たしている」と
いう実感が本人の生きがいを後押し**

---

mini
Column **認知症の人が「希望大使」となって啓発活動等も**

認知症の人が住みやすい社会を築くうえでは、認知症の本人の希望をしっかり反
映させることが不可欠です。そうした希望を発信しやすいしくみ作りも、認知症施
策には欠かせない柱となります。その一環として国が推し進めているのが、認知症
の本人を「希望大使」として任命し、認知症にかかる普及啓発活動などへ参加する
機会を広げるという取組みです。現在、国レベルでは7人の希望大使が活躍してい
ます。
一方、地域レベルでは都道府県ごとの「地域版希望大使」の設置が進んでいます。認
知症サポーター養成講座ではキャラバン・メイトが講師等を務めますが、地域版希
望大使がそうしたキャラバン・メイトに協力したり、地域へのさまざまな普及啓発
活動にかかわっています。

5-14 ピアサポート活動

ますます重要になる
ピアサポート活動

 結論 認知症の人の不安を和らげるうえで、大きな力となるのがピアサポート活動

○ 前向きに医療・介護を受けるための力にも

　前項で述べたピアサポート事業ですが、認知症の本人やその家族にとっては、診断後にかかる不安やストレスの重要な軽減策の1つとして、認知症初期集中支援チームと同様に重要度の増しているしくみです。

　特に若年性認知症の人の場合、発症の直前まで仕事をしていたり、家庭や地域の中で重要な役割を果たしていることも多く、それを継続できるのかといった点で、不安がいっそう募りがちです。

　そんな時に、同様の立場を経験してきた人の話を聞いたり、そうした人々に自身の悩みや不安を打ち明ける機会があることが、大変に大きな力となります。その後の医療・介護・リハビリを受ける際にも、前向きになれるというメリットが期待できます。

○ 実施自治体はまだまだ少ないが、今後に期待

　こうした点で、医療や介護といった支援と並行して位置づけられるのがピアサポートであり、国も2019年に策定した認知症施策推進大綱で、本人への重要な支援策の1つにあげています。

　ただし、このピアサポート事業に取り組んでいる自治体は、まだ半分以下にとどまります。一方で先進的に取り組んでいる自治体からは、支援内容の好事例の発信も活発になっていて、たとえば、認知症疾患医療センターで「ピアサポートへのつなぎ」を行なっているケースもありま

PART 5 身近にある多様なサービスをもっと活用する

す。今後の全国的な展開に注目が集まります。

認知症ピアサポートの位置づけ

- 認知症の診断を受ける
- 介護保険等を使う手続きを行なう
（要介護認定の申請をするなど）

本人

これから
どうなって
いくのか？

この間に一定の時間が生じる。認知症初期集中支援などが本人・家族に対応するが……本人の心理的不安・ストレス解消がもう一段必要

ピアサポートが必要なタイミングはここ

介護サービス等の支援がスタート

ここで、認知症ピアサポートを受け、心理的な安定を図ることが後の支援を円滑にする効果も

本人の穏やかな生活の実現

Column 認知症の人と家族の会がピアサポート報告書

2024年3月、公益社団法人「認知症の人と家族の会」が、「認知症診断直後からの本人やその家族へのピアサポート活動」について実態報告書を公表しました。本人や家族へのピアサポート活動の実施状況や各地の活動の好事例などが紹介されています。
たとえば、診断を受けた病院で開催のパンフレットをもらって参加、当事者から「生活のしづらさをどう解消していくか」についてアドバイスをもらって気が楽になったといった話も数多く掲載されています。

5-15 認とも
認知症カフェから発展した「認とも」とは？

結論 認知症カフェで「なじみ」となったボランティアが自宅を訪問。本人と一緒に過ごす取り組み

○「なじみ」のボランティアと自宅で過ごす

　本人に対する地域の支えは少しずつ広がっていますが、一緒に暮らす家族などのサポートにもさまざまなものが見られます。そのひとつとして、国が新たに取り組みを進めているのが**「認とも」**です。

　これは、「認知症カフェ」から発展させたもので、カフェ等で本人となじみになったボランティアが、今度は**認知症の人の家を訪問**して本人と一緒に過ごすというものです。本人は顔などを忘れている場合もありますが、「認とも」のスタッフは本人のことをよくわかっているので、そのやりとりを通じて本人も相手への警戒心を解きやすくなります。

○ サポーターのスキルアップ講座などの修了者が担当

　本人とずっと過ごしている家族にとっては、こうした人が来てくれることで、短時間であっても「気を休める」ことができます。これは、その後の本人とのよい関係を築くうえで大切な機会です。

　ただし、「認とも」の場合は本人と1対1になることもあり、ボランティアとはいっても一定のスキルが必要です。そのため、**認知症サポーターのスキルアップ講座を修了した人**などが想定されています。

　この「認とも」の派遣については、役所や包括などに在籍する認知症地域支援推進員が企画・調整を行うことも。利用したい場合は、なじみの認知症カフェに「認とも」がいるかどうか尋ねてみましょう。

PART 5 身近にある多様なサービスをもっと活用する

「認とも」の取り組み

認知症カフェ

本人・家族

❶認知症カフェに参加

❷カフェのスタッフのうち、一定の研修を積んだ人と「なじみ」になる

❸「認とも」として認知症の人の自宅を訪問

❹「認とも」と本人が一緒に過ごす（家族の休息にも寄与）

認知症地域支援推進員が企画・調整を行う

mini Column 「認とも」の前身である「やすらぎ支援員」も

「認とも」の取り組みはまだ歴史が浅く、地域によっては育成・派遣が十分に整っていないケースもあります。ただし、同じように「認知症の人の自宅を訪問して本人と過ごす」という取り組みとして、多くの自治体で実施しているものがあります。それが「やすらぎ支援員」です。基本的には市町村が実施する事業で、やはり一定の認知症に関する研修を積んだボランティアが手がけます。「認とも」と違い、本人との面識がほとんどないまま訪問となるケースもあります。そのため、初対面の人に対する本人の警戒心が強いとなじむまでに一定の時間がかかる可能性もあるでしょう。とりあえずは、地域包括支援センターや役所の高齢者支援担当窓口などに問い合わせて、派遣の実例などを確認してみたいものです。

5-16 家族介護者の会

家族同士が思いを語る さまざまな家族会

 結論　家族同士、悩みやつらさを共有できる場があるだけで、認知症介護はもっと楽になる

○ 事業者等の主催のほか家族同士の自主開催もある

　家族介護者にとって、欠かせない支援のひとつが「家族同士が集まって語り合う」という場、つまり**家族介護者の会**（以下、家族会）です。
　この家族会についても、さまざまなものがあります。
　たとえば、介護サービス事業者・施設を利用する人たちの家族が、定期的に集まって行うというもの、「認知症カフェ」の場で、家族が同じテーブルに集まって語り合うスタイル（その間、本人にはカフェのスタッフが付き添います）、または、さまざまな場で知り合った家族同士が、自主的に「語り合う」場を設けるという光景も見られます。

○ 同じ体験を語り合うことでつらさを緩和

　認知症介護では、本人が常に不安な状態にあるなかで、家族はどうしても本人と一緒に過ごす時間が長くなりがちです。
　そのため、「介護の悩みやつらさをひとりで抱え込む」という閉塞感が生じやすく、そこから介護倒れにつながるストレスが積み重なります。
　家族会は、こうした課題を解決するうえで大変に有効です。
　家族同士が「自分の認知症介護の体験」などを語り合うことで、時には「自分とまったく同じ体験をし、同じつらさをもつ人がいる」というシーンに出会うことがあります。その「自分だけではない」という思いが、閉塞感を和らげるうえで大切になってくるわけです。

PART ❺ 身近にある多様なサービスをもっと活用する

家族会のいろいろなスタイル

女性の介護者が多いなか、自分は男性なのでどうしても気がひける

男性だけの家族介護者の会

自分はまだ20代、学業と介護の両立をわかってくれる人は?

年齢層によるグループ分けをした家族会

自分は日中仕事があるので、昼間の家族会は参加しにくい

夜間・休日開催の家族会

介護疲れのせいか最近体調が思わしくないのだが……

医師も参加して健康相談も受けられる家族会

Column 今大きな課題がヤングケアラーへの支援

少子高齢化に加え、共働きやひとり親家庭の増加などにより、社会的な課題として浮かんできたのが「ヤングケアラー」の存在です。このヤングケアラーとは、本来大人が担うべき家族の介護や世話などを行っている子どものこと。本人の成長や学業に影響を及ぼし、心身の健やかな育ちを妨げる懸念もあります。

国の調査によれば、世話をしている家族が「いる」という子どもは、中学2年生で5.7％、全日制高校の2年生で4.1％にのぼっていることがわかりました。なお、2024年6月に、国会で「子ども・若者育成支援推進法」が改正され、国や自治体が手がける子ども・若者支援の対象に「ヤングケアラー」が明記されました。これを受けて厚労省はさっそく介護事業者向けの通知を出し、ヤングケアラーを「家族による介護力」として位置づけない旨などの周知を図っています。

5-17 仕事と介護の両立支援①

改正によって使いやすくなった介護休業制度

 結論 仕事と介護の両立を支援する介護休業制度。そのほかにも介護休暇や短時間労働などのしくみもある

◯ 通算93日の介護休業、分割取得も可能

　介護と仕事の両立支援を強化するために、2017年1月に**改正育児・介護休業法**が施行されました。具体的な項目を挙げてみましょう。

　①家族の介護をしながら勤めている人は、**介護休業制度（通算93日まで）**が活用できます。この制度について、改正前は1回限りの取得でしたが、改正後は**3回を上限とした分割取得**が可能となりました。なお、有期契約労働者も一定要件のもとで介護休業制度が活用できます。

　②また、介護休業とは別に**介護休暇（対象家族1人の場合年5日）**が取得できます。これについて、改正前は「1日単位」での取得でしたが、改正後は**「半日単位」**の取得も可能となりました（例外あり）。

◯ 短時間労働や時差出勤、所定外労働の免除もある

　③①の介護休業制度を利用していない間は、**「所定労働時間の短縮措置（短時間労働）」「フレックスタイム制度」「時差出勤制度」「介護サービス費用の助成」**などのうち、企業が選択する措置が受けられます。改正前は介護休業制度の93日上限との通算範囲内でしたが、改正後は介護休業制度とは別に**「3年間で2回以上」**の利用が可能となりました。

　④今回の法改正により、介護終了までの間、労働者は**所定外労働の免除**を受ける権利が定められました。

　こうした制度を知っておき、状況に応じて有効に活用したいものです。

PART **5** 身近にある多様なサービスをもっと活用する

仕事と介護の両立を支援する制度

制度	内容
介護休業制度 (法2条2号)	負傷、疾病または身体上・精神上の障害により、2週間以上にわたり常時介護を要する家族(配偶者、父母、子、配偶者の父母、祖父母など)1人につき通算93日。3回を上限としての分割取得も可能。有期雇用労働者も「介護休業開始の予定日から93日が経過した後の6カ月間に、契約が満了することが明らかでない者」は取得できる(雇用期間1年未満等の場合は労使協定による除外あり)
介護休暇制度 (法16条の5)	年5日(対象家族が2人以上の場合年10日)まで1日または半日単位での取得が可能(所定労働時間が4時間以下の場合などは1日単位)
所定外労働の免除 (法16条の9)	介護終了までの間、労働者が請求できる権利に(雇用期間1年未満等の場合は労使協定による除外あり)
労働時間の短縮措置やフレックスタイム制など (法23条3項)	介護休業とは別に、3年の間で2回以上の利用が可能。左記のほか、時差出勤制度や介護サービス利用料の助成などから、企業が選択的に導入したしくみを活用する(雇用期間1年未満等の場合は労使協定による除外あり)

※そのほかに、時間外労働の制限(法18条)、深夜業の制限(法20条)がある

---

mini

Column **2024年の法改正で雇い主の責務を拡大**

育児・介護休業法については、2024年6月にさらなる法改正が行われました。ポイントは、家族の介護等を必要とする労働者等を雇う企業に対して、新たな責務を設けたことです(施行は2025年4月1日から)。

1つは、労働者が「家族の介護をしている」という旨を雇い主側に申し出た場合、雇い主側は介護休業・休暇等の「仕事と介護の両立支援」についてきちんと伝え、その利用の意向確認を行うこと。もう1つは、労働者が一定の年齢に達した際に介護休業・休暇等の制度について周知するとともに、介護保険制度の活用や仕事との両立をどう進めるかなどの社内研修の機会を設けるといった具合です。

5-18 仕事と介護の両立支援②

介護休業中は介護休業給付が受けられる

 結論 介護休業中は雇用保険から給付がある。仕事との折り合いをつけるプラン策定の相談もしてみよう

○ 雇用保険の加入期間をまず確認

　介護休業は有給休暇と違うので、休業中の賃金は発生しません。その代わりに、**雇用保険による介護休業給付**を受けることができます。

　対象となるのは、介護休業を開始した日から2年前までの間に、雇用保険の被保険者期間が12カ月以上ある人（賃金支払い基礎日数が11日以上ある月が12カ月以上あるという意味）です。

　なお、雇用期間に定めがある人（有期雇用労働者）も、「介護休業開始の予定日から93日が経過した後の6カ月間に、契約が満了することが明らかでない」場合は対象となります。

○ 支給額は原則として賃金の67％

　気になる支給額ですが、休業期間中に賃金が支払われない場合は**「休業開始時の賃金日額×休業日数×67％」**となります（ただし、休業開始から1カ月までの就労日数が10日を超える場合は支給されません）。

　一方、休業期間中でも賃金が支払われている場合は以下のとおりです。
①支払われた賃金が月額の13％以下→上記の支給額と同じ
②支払われた賃金が月額の13％超〜80％未満→実際に受けとった賃金額＋給付額が賃金月額の80％に達するまでの金額が給付
③支払われた賃金が月額の80％以上→給付は受けられない

ちなみに、給付を受けるためには、事前に事業主に「介護休業申出書」を提出し、「休業の開始日と末日」を伝えることが必要です。

そのうえで、介護休業が終了した後に事業主が、管轄のハローワークに給付の申請を行います。

○ 介護休業の取得はためらわず上司に相談

介護休業などを取得したくても、重要な職責を担っているなどの場合、「難しい」と考えてしまう人もいるのではないでしょうか。

そうした場合は、まず上司や人事・労務担当者に相談しましょう。

前項のコラムで述べたように、2024年6月の法改正により、2025年4月から企業側は社員からの相談に対して、介護休業等の制度活用の意向などを確認する義務が生じます。気がねなく相談しましょう。

介護休業給付の支給を受けるまでの流れ

上司や人事・労務担当者と相談しながら介護休業の取得計画を立てる

↓

雇用保険の加入期間や休業開始時の勤務日数などが
介護休業給付の支給要件を満たしているか確認

↓

事業主に介護休業申出書を提出する

↓

介護休業

↓

介護休業終了後2カ月の末日までに
事業主が管轄のハローワークに給付申請を行う

問題なく支給決定がなされれば、1週間程度で本人口座に給付金が振り込まれる

5-19 預かりサービス

急な私用で家を空ける場合などはどうする?

 介護保険の短期入所などが手配できない場合は、保険外で「本人を預かってくれる資源」を活用する

○ 緊急時の短期入所は利用困難なこともある

　改正育児・介護休業法により、介護と仕事の両立を図るうえで**「所定外労働の免除」**を申し出る権利が労働者に付与されました。

　しかし、遠方の親族に不幸があったなど、私用で家を空けなければならないというケースが生じる可能性もあります。

　事前に予定されていることであれば、担当ケアマネジャーにお願いして、介護保険の**短期入所系サービス**などを手配する方法があります。しかし、短期入所系サービスは施設数に比べてニーズが高く、すぐ定員いっぱいになるなど手配が難しい場合があります。

○ 国がガイドラインを策定する「お泊りデイ」

　そうした場合、保険外サービスで「預かってくれる場所」を探すことになります。どんなものが考えられるでしょうか。

　まず介護保険のデイサービスで、利用者などをそのまま宿泊させてくれるケースがあります。これを**「お泊りデイ」**といい、宿泊中に本人のケアを行ってくれる部分は**「保険外」**となります（1泊あたり700〜1300円程度）。

　この「お泊りデイ」のニーズが増えてくるなかで、保険外ではありますが国は（居室の広さに関する基準や万が一事故などが起こった場合の対応などについて）運営上のガイドラインを定めています。

PART 5 身近にある多様なサービスをもっと活用する

急に家族が外泊を必要とする場合の選択肢

ケース1 担当ケアマネジャーにお願いして、緊急でも利用可能な短期入所サービスを探してもらう

いわゆるショートステイ以外にも、GHや介護付有料老人ホームの短期利用もある（介護保険対応）

ケース2 なかなか空きがない、もしくは介護保険の申請を行っていないなどの場合

介護保険外の選択肢

- デイサービスが介護保険外で行っている「お泊りデイ」
- 住宅型有料老人ホームやサ高住などの「空き室」利用
- ＮＰＯ法人などが行っている介護保険外での「宅老所」など

ただし、こんな点に注意
① 利用料金がかなり高額になることもある
② 認知症がある人の受け入れを断るケースもある
③ 環境が変わるのと、スタッフの経験不足で本人が不穏になったりする懸念もある

mini Column　BPSD悪化時などの緊急受け入れが拡大

中核症状が進んでも、在宅で穏やかに生活している人はたくさんいます。その一方で、疾病や環境の変化によって、それまで穏やかだった人のBPSD（行動・心理症状）が急速に悪化することもあります。また、家族が体調悪化で入院したりすれば、「本人の支援をどうするか」が急な課題として浮上します。

住み慣れた環境で暮らし続けるには、こうした状況での「受け皿」、たとえば一時的な施設などでの受け入れが必要です。その場合、短期入所サービスが候補となりますが、地域によっては急な受け入れに対応できるほどの資源が整っていないケースもあります。そこで、2021年度からは、認知症GHや小規模多機能型での受け入れについて、受け入れ日数や人数などの緩和が図られています。

年間1万9000人以上が行方不明に
認知症による行方不明者を探すさまざまな取り組み

　警察庁の調べでは、認知症が原因で行方不明となる人は、2023年中（最新調査）で1万9039人（対前年比1.7％増）となっています。
　その9割以上は地域の見守り等SOSネットワークなどによって早期に所在が確認されていますが、不幸にして亡くなった状態での発見も553人にのぼります。また、2023年中に所在が確認された人のなかには、届け出から2年以上経過していたケースもあります。

●身元不明者情報の特設サイトも

　認知症による行方不明のケースが増え続けるなか、国は17年に「行方不明を防ぐ・見つける市区町村・地域による取り組み事例」を公表しました。SOSネットワークなどをどのように組織しているか、また、模擬訓練などの注目すべき取り組みの様子なども紹介されています。
　また、認知症の人の行動範囲が思いのほか「広い」（移動スピードも速い）というケースも多く、その点を考えたときに、隣接する市町村との連携をどうするかという点も大きなポイントとなります。
　ちなみに、厚生労働省は、同省のHP内に「身元不明の認知症高齢者等に関する特設サイト」を設けています。サイト上では都道府県ごとに把握している「身元不明者情報」にリンクし、①本人の性別・推定年齢、②本人の特徴や身元の手がかり、③保護時期と現在の保護場所（病院や施設等）などがわかるようになっています。
　実際に、このサイトが開設されて後、保護されていた人の身元が判明し、無事に帰宅したケースもあります。

PART
6

サービスⅢ

認知症の人のための
お金と権利擁護

6-1 初期の支援にかかるお金

認知症支援にかかるお金を整理しよう

 結論 公的な相談支援・初期集中支援（訪問も含む）は原則無料。そこから先の支援では負担もあり

○ 包括や自治体への初期相談等は「無料」

認知症に関するさまざまサポートを受けていくなかでは、お金の話も気になるものです。医療や介護、そのほかのサービスを受けた場合、全体としていったいいくらぐらいかかるのでしょうか。

順をおっていくと、まず**自治体や地域包括支援センターなどへの相談は無料**です。認知症疾患医療センターについても、実際の診療に入る前の**初期相談については、原則として費用は発生しません。**

○ 医療や介護につながると一定の自己負担が発生

では、初期支援となる認知症初期集中支援についてはどうでしょう。

認知症初期集中支援は、市区町村の**認知症総合支援事業**（地域支援事業）のひとつであり、その運営費は介護保険の財源から出されます。

そのため、訪問を含めてチームによる**初期集中支援を受ける場合にも、原則として費用はかかりません。**ただし、チームに助言等を行っている医師につながったうえで、認知症の診断・診療を受けるとなった場合には、**医療費にかかる自己負担が発生**することがあります。

また、家で介護保険サービスを受けるには、多くの場合、ケアマネジャーと契約してケアプランを作ってもらいます。この費用は介護保険による10割の給付、つまり、**自己負担は発生しません。**

ただし、その先の**介護サービスには一定の自己負担が発生**します。

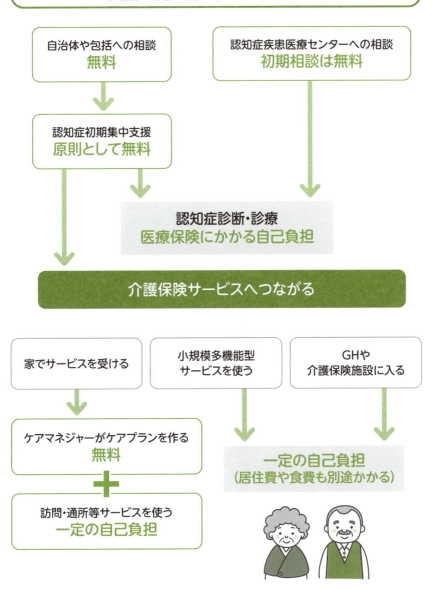

6-2　介護保険サービスにかかるお金

介護保険サービスにかかる自己負担とは?

 サービスには公定価格の1～3割の自己負担がある。施設などの居住費・食費にも注意

○ 限度額をオーバーした部分は全額自己負担

　医療費と比べて、介護保険サービスを利用した場合の費用のしくみは複雑であるとともに、長期にわたっての支払いが続きがちです。
　そこで、この介護保険にかかる自己負担金について整理しましょう。
　まず、「サービス」にかかる費用ですが、要介護度に応じて保険から支給される金額には限度があります。つまり、その限度額をオーバーした部分については保険給付はなされず、全額自己負担となります。

○ 限度額内でも1～3割の負担が発生する

　次に、保険給付の範囲内についてですが、ここでも全額が保険でまかなわれるわけではありません。サービス費用全体のうち、少なくとも**1割は利用者による負担金が発生**します。
　「少なくとも」というのは、サービスを利用する人によって2割、3割のケースもあることです。2、3割の対象となるのは、65歳以上(第1号被保険者)で一定以上の所得がある人です。
　まず3割負担ですが、以下の2つをともに満たすケースが対象です。①本人(65歳以上)合計所得金額が220万円以上、②同一世帯の65歳以上の人の「年金収入」+「その他の合計所得金額」が2人以上の場合で463万円以上(1人の場合は340万円以上)です。それ以外で、本人の合計所得金額が160万円以上などの場合は2割負担となります。

PART **6** 認知症の人のためのお金と権利擁護

○ 施設の居住費や食費は別途負担のケースもある

　介護保険を使う場合は、ほかにもさまざまな料金が発生します。

　たとえば、特別養護老人ホームや老人保健施設に入所した場合、そこでの**居住費（家賃に相当するお金）や食費は自己負担**となります。

　ただし、所得が低い人の場合、国が定める基準額をオーバーした部分については、介護保険から**「補足給付」**がなされます（212ページ参照）。つまり、所得によって居住費・食費の負担には限度額が設けられるわけです。この居住費・食費の負担については、短期入所（ショートステイ）サービスでも同様です。デイサービスでも食費の負担が発生します（補足給付なし）。なお、介護付有料老人ホームや認知症GHについては、**居住費（家賃）や食費に対する「補足給付」はなされません**。

介護保険サービスを受ける場合にかかるお金

家を中心として受けるサービス（デイサービスや訪問介護など）	特養ホームや老人保健施設に入所して受けるサービス	介護付有料老人ホームやGHに移り住んで受けるサービス

[サービス部分にかかる費用の一部]
❶原則として1割
❷65歳以上で年間所得160万円以上の人は2割になるケースもある
❸❷のうちでより所得が高い人は3割負担となることも

ショートステイでの居住費や食費等は別途自己負担（そのほかに、各種実費も）	居住費や食費については、別途自己負担（そのほかに、各種実費〈レクの材料費なども）	左記と同様

低所得者などについては保険からの補足給付あり　　　　保険による補足給付なし

※補足給付がない場合でも、低所得者に対して自治体から助成などがあることも

175

6-3 高額療養費・高額介護サービス費

自己負担がかさむなか払い戻されるお金もある

 結論 医療なら高額療養費、介護なら高額介護サービス費。月の負担限度額を超えた部分を還付する

○ 負担限度額を超えた部分が払い戻し

　医療や介護は社会保険でまかなわれるとはいえ、利用する際には保険料とは別にそれなりのお金を負担しなければなりません。

　ただし、負担が高額にならないようにするためのしくみがあります。前項で述べた居住費や食費に対する「補足給付」もそうですが、サービスにかかるお金でも月々の負担金を払い戻せる制度があります。

　それが、医療であれば**高額療養費**、介護であれば**高額介護サービス費**といわれるものです。いずれも、月あたりの自己負担が一定程度を超えた場合に、その超えた分の払い戻しを受けるしくみです。

○ 所得に応じて月負担限度額は変わる

　高額療養費については、自分や家族が何らかの医療にかかっていれば、活用した経験がある人も多いでしょう（詳細は214ページ参照）。高額介護サービス費は、この高額療養費の「介護保険版」と考えてください。

　高額介護サービスを受けるための「月々の負担限度額」は、「世帯の住民税課税の状況」と「本人の課税所得」などによって6段階に分けられています。詳細については次ページの図を参照してください。

　注意したいのは、2021年8月から、高所得の人の負担限度額が2段階で大きく引き上げられたことです。もっとも所得の高い人で月10万円近く引き上げとなったので、毎年市町村から送られてくる負担割合証

PART **6** 認知症の人のためのお金と権利擁護

をしっかりチェックしておきたいものです。

○ 市区町村から送られてくる申請書を提出

　高額介護サービス費の払い戻しを受けるには、どうすればいいでしょうか。月々の介護サービス費の明細や領収書などを受け取っていても、自分が該当するかどうかよくわからないという人もいるでしょう。

　しかし、ご安心を。高額介護サービス費に該当する人については、市区町村から高額介護サービス費の申請書と「申請のための案内」が郵送されます。その申請書に必要事項を記入し役所の窓口に申請すれば、約2カ月後に指定の口座に高額介護サービス費が振り込まれます。

　申請に際して本人確認のために身分証明書やマイナンバーの提示を求められることがあるので注意してください。

高額介護サービス費にかかる「月あたり自己負担限度額」

区分		負担の上限額(月額)
課税所得690万円(年収約1160万円)以上		14万100円(世帯)
課税所得380万円(年収約770万円)～課税所得690万円(年収約1160万円)未満		9万3000円(世帯)
市町村民税課税～課税所得380万円(年収約770万円)未満		4万4400円(世帯)
世帯の全員が市町村民税非課税		2万4600円(世帯)
	前年の公的年金等収入金額+その他の合計所得金額の合計が80万円以下の方など	2万4600円(世帯) 1万5000円(個人)
生活保護を受給している方など		1万5000円(世帯)

177

6−4 高額医療・高額介護合算療養費制度

まだまだある負担軽減のためのしくみ

 結論　高額医療・高額介護合算療養費や居住費・食費に関する「補足給付」なども徹底活用

○ もうひとつの「払い戻し」のしくみ

　認知症で介護保険サービスを利用している人は、同時に認知症診療や持病の治療を受けているケースがほとんどでしょう。

　また、家族も病院などにかかっているとなれば、ひとつの世帯内で介護と医療の負担が同時にかさんでいくことになります。

　介護も医療も、それぞれ高額介護サービス費や高額療養費によって払い戻しを受けることはできます。しかし、両方を受けている場合、それだけでは世帯の家計負担はなかなか軽くならないこともあります。

　そんなとき、それぞれの払い戻し制度とは別に、世帯内の介護・医療費に関するもうひとつの払い戻しのしくみを活用することができます。それが、**高額医療・高額介護合算療養費**という制度です。

○ 高額医療・高額介護合算療養費の申請

　高額療養費や高額介護サービス費が月あたりの自己負担限度額を超えた場合に払い戻されるのに対し、高額医療・高額介護合算療養費は、**1年間での世帯の負担限度額を超えた部分**が対象です。

　算定期間は毎年8月1日から翌年の7月31日までで、その間の自己負担（高額療養費や高額介護サービス費によって「払い戻された」分を除く）が一定額を超えた場合に、その分の払い戻しが受けられます。

　申請は、上記の7月31日の時点で加入している医療保険に対して行

います。高齢者夫婦世帯などで、両者ともに国民健康保険の加入者となっている場合は、市区町村の国保窓口に申請してください。

○ 預貯金額も勘案される「補足給付」

一方、特養ホームに入所した場合やショートステイを利用した場合の居住費や食費に関する**「補足給付（特定入所者介護サービス費）」**を受ける場合にはどうすればいいでしょうか。

こちらは、市区町村の介護保険担当窓口に申請して「介護保険負担額認定証」を発行してもらうことが必要です。所得に応じて給付が変わってくる（高所得世帯の場合、給付は受けられません）ので、世帯の課税状況や本人の年金収入・所得などが勘案されます（212ページ参照）。

注意したいのは、本人と配偶者の預貯金額も勘案されることです。そのため、申請に際しては預貯金通帳のコピーなども必要になります。

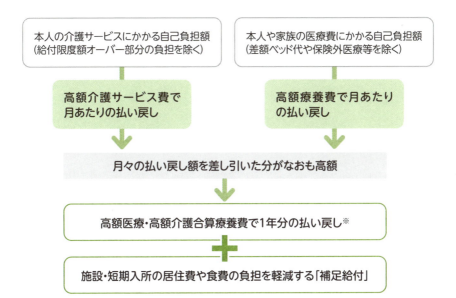

介護・医療に関する負担を減らすしくみ

※合算療養費については、医療保険を変更した場合など市町村から「該当世帯である」ことの通知が来ないこともある

> 6-5　自治体の助成金①

介護保険サービスの利用者負担の一部を助成

 認知症GHの居住費やサービス利用に関する独自の負担減など、住んでいる自治体の支援に着目

○ 介護サービスの利用者負担の減免

　認知症の人の介護に際して、自治体が独自に行っている助成金などもあります。よく見られるのが、**介護保険サービスを使った際の利用者負担の一部が助成金によってまかなわれる**というしくみです。

　たとえば、住民税非課税世帯を対象に、（この所得区分では１割負担となりますが）利用者負担のうちの半分から５分の１程度減免するというもの。あるいは、同様のしくみを設けつつ、対象サービスを限定する（たとえば訪問系サービスのみを対象とする）パターンもあります。

○ 認知症GH利用時の家賃を助成する例もある

　また、同じく低所得者を対象として、**認知症GHの居住費（家賃）や食費の費用**を助成するというケースもよく見られます。

　すでに述べたとおり、GHは、そこで受ける介護サービスの費用は介護保険から支給されますが、家賃等は自己負担となります。

　そこで、自治体による独自の助成金が大きな役割を果たすわけです。

　そのほかに、自宅での介護に必要な**紙おむつ代**などを助成するしくみや、介護を担う家族に対して**家族介護慰労金**を支払うしくみなどもあります。後者については、「介護保険サービスを使っていない」などの要件が多いのですが、なかにはサービスを使っていても受け取れる例もあります。自治体の介護保険担当の窓口に問い合わせてみましょう。

認知症GH利用者負担金助成事業 上越市の一例

助成を受けることができる人

① 市民税非課税世帯
② 世帯の年間の収入の合計額が、本人のみの世帯で150万円（世帯員がひとり増えるごとに50万円を加えた額以下）
③ 世帯が所有する現金、預貯金、有価証券等の合計額が本人のみの世帯で350万円以下など

助成額

利用者負担段階	助成の対象となる費用	助成額 左記費用の合計が7万円／月以下の場合	助成額 左記費用の合計が7万円／月を超える場合
第2段階A	家賃 食材料費 光熱水費	3万5000円／月を超えた額（上限2万5000円／月）	4万5000円／月を超えた額（上限4万5000円／月）
第2段階B		3万5000円／月を超えた額（上限1万5400円／月）	4万5000円／月を超えた額（上限3万5400円／月）
第3段階		3万5000円／月を超えた額（上限2万5000円／月）	4万5000円／月を超えた額（上限4万5000円／月）

第2段階A 本人の課税年金収入額と非課税年金収入額とその他の合計所得金額の合計が80万円以下の人
第2段階B 本人の課税年金収入額と非課税年金収入額とその他の合計所得金額の合計が80万円を超える人
第3段階 本人の課税年金収入額と合計所得金額の合計が80万円を超える人

※認知症GHの短期利用のケースは助成額が異なる

Column 社会福祉法人による利用者減免などもある

特養ホームなどをはじめとして、多くの介護保険サービスの運営を担っているのが社会福祉法人です。社会福祉法人は地域福祉への貢献を使命とした法人格であり、その目的の一環として低所得者に対する介護保険の利用者負担の減免を行っています。この減免を利用するには、市区町村から「軽減確認証」を受ける必要があるので、やはり最寄りの自治体窓口に問い合わせましょう。また、施設に入所する場合、高額介護サービス費の払い戻しを受ける前に「最初から払い戻し分を差し引いた金額を（施設側に）支払えばよい」というしくみもあります。

6-6　自治体の助成金②
配食や理美容サービスへの費用助成もある

 結論　配食サービスによる栄養管理や出張理美容サービスなどにも、利用料の助成ケースがある

○ 配食サービスで本人の栄養管理をする

　本人と家族が同居していても、家族に仕事があったりする場合、日中は本人がひとりになるケースもあります。そうした場合の課題となってくるのが、家族が不在となる間の食事（昼食など）です。

　健康維持のためにも、しっかりとした食事をとってもらいたい——そうしたニーズに対応するのが**配食サービス（弁当の宅配サービス）**です。昨今は、本人の持病なども考慮しつつ、管理栄養士がきちんと監修したメニューを用意する事業者も増えてきました（国も、高齢者の栄養管理の面から配食サービスのガイドラインを作っています）。

○ 本人の安否確認も兼ねて配達を行う

　この配食サービスは、介護保険の対象ではありません。ただし、自治体によっては、**利用料の一部を助成**するケースがあります。

　この配食サービスを栄養管理だけでなく、本人の安否確認の機会としている自治体もあります。また、介護保険サービスと同じく、ケアマネジャーによるアセスメント（本人の状態把握など）を助成の要件としているケースも見られます。自分の住んでいる自治体がどんなしくみをとっているのかについては、最寄りの包括などに尋ねてみましょう。

　そのほかに、理髪店などになかなか行けないという人に、**出張理容を行うサービス**がありますが、この費用助成などを行う例も見られます。

自治体のさまざまな助成・サービスの例

出張理容サービス	地域の理容サービス店が共同で、自宅を訪問して調髪などを行う。費用の一部を自治体が助成するケースもある
ひとり暮らし高齢者への毎日訪問	1日1回、乳酸菌飲料を届けつつ安否確認を行う。料金は1回10円程度。市区町村の社会福祉協議会などが手がけるケースが多い
福祉タクシー乗車券の配布事業	要介護者が通院等に利用するタクシーの乗車券を配布(一部自己負担もあり)
寝具の洗濯乾燥サービス	訪問により寝具を預かって洗濯・乾燥を行うサービス。自治体によっては介護保険の独自サービスに設定しているケースもある
高齢者鍼灸マッサージ施術助成	市区町村が指定した施術所で鍼灸・マッサージを受けた場合の施術費の一部を助成。マッサージは認知症のBPSD改善効果もあるといわれる

自治体助成による高齢者向け配食サービスの一例

対象者

①65歳以上で、心身の状況によって調理が困難な人
②ひとり暮らし、または家族が病気や就労で調理が困難

地域包括支援センターの職員や担当ケアマネジャーが本人のアセスメント(心身の状態などの情報)をとったうえで、自治体が助成の決定を行う

メニュー例

普通食のほか、塩分やカロリーを調整したもの、噛みやすいように食材を刻んだものなどもある

1食につき300円程度から

6-7　民間の介護保険

さまざまな費用負担を民間の保険でまかなう

 民間の介護費用保険もいろいろあるが、認知症であることを要件とした保険も誕生している

○ 公的介護保険でまかなえない分は？

　ここまでの「お金の話」でもわかるように、認知症によって介護が必要になったとして公的介護保険だけではまかなえない「お金」もいろいろと発生します。自治体による独自の助成などもありますが、全国一律ではないケースもある点に注意が必要です。

　では、公的介護保険等でまかなえない「お金」はどうやって捻出すればいいのでしょうか。そんなとき、**民間の介護保険**でカバーするという方法があります。民間なので「契約者が任意に加入する」というものですが、選択肢のひとつとして押さえておくといいでしょう。

○ 公的・民間の介護保険の違いは何か？

　では、民間の介護保険と公的介護保険の違いは何でしょうか。

　公的介護保険は、住宅改修費など一部を除いて、介護サービスという現物が給付されます。これに対し、民間の介護保険は原則として**お金による給付**となります。したがって正確には、**介護費用保険**となります。ただし、保険会社と提携する介護サービス会社からサービスを受け、その費用が保険会社から直接支払われるというスタイルもあります。

○ 認知症を要件とした保険も続々誕生

　そうした介護費用保険のなかに、契約者が認知症となった場合に保険

金が支払われるというものがあります。

2016年に太陽生命保険が「ひまわり認知症治療保険（現在の呼称は「予防保険」）」を販売したのに始まり、現在複数の保険会社が同様の保険を販売しています。

上記の「ひまわり認知症予防保険」では、はじめて所定の認知症（アルツハイマー型、レビー小体型など）になり、その状態が180日継続した場合に、認知症治療給付金が最高1000万円支払われます。

このほか、他社の保険では、一時金のほか認知症になった場合の終身年金がプラスという保険も。その分保険料も高くなりますが、長期間にわたって介護が必要なケースを考えれば注目したい保険のひとつです。

民間の認知症保険とはどのようなものか？

●保険金が支払われる要件（例）

> アルツハイマー型やレビー小体型、脳血管性などによる認知症と診断される
>
> ＋
>
> 認知症日常生活自立度Ⅲ以上と判定される

診断された場合に保険金が支払われたり、診断されなくても予防給付金が出るケースも

認知症日常生活自立度Ⅲとは「日常生活に支障をきたすような症状・行動や意思疎通の困難さが見られ、介護を必要とする状態」

●支払われる保険金の内容（例）

認知症治療にかかる一時金	認知症になってからの終身年金	転倒による骨折等の治療金
疾病の悪化による入院費用	定期的に支払われる予防給付金	

※上図の内容は、保険会社の商品によって異なります

6-8 損害賠償責任保険

認知症の人による事故　損害賠償をどうする？

 認知症の人の鉄道事故裁判などを受け、損害賠償責任に対応した保険も誕生している

○ 2007年に発生した鉄道事故をめぐる裁判

　2007年、家族が目を離した間に認知症の人がひとりで外出し、鉄道の線路内に入り電車にはねられ亡くなるという痛ましい事故がありました。その後、鉄道会社から遺族に対して（電車の遅延等による）損害賠償請求（請求額720万円）の訴訟が起こされました。審理は最高裁にまでいたり、結果として本件では遺族による賠償責任は回避されました。

　しかし、このケースでは家族の賠償責任が否定されたということであって、依然として大きな社会問題であることに変わりはありません。

○ 認知症の人のトラブルを賠償する保険もある

　先の鉄道事故裁判を受け、一部の損保会社の個人賠償責任保険では、「認知症の人が事故で損害を与えた場合」にも保険金が支払われるようなしくみへの改定が行われています。

　たとえば、本人が認知症で「責任無能力者」となった場合に、家族などを「監督義務者」として被保険者に追加するといった具合です。

　また、「認知症の人が起こしたトラブル」による損害賠償をカバーするという目的の損害保険も誕生しています。先のような鉄道事故だけでなく、火の不始末によって火事を出してしまったり、BPSDの悪化による不穏状態から近隣の家のガラスを割ってしまったといったケースについても幅広く補償する保険となっています。

PART 6 認知症の人のためのお金と権利擁護

神奈川県大和市の取り組みの広報

全国自治体初！
はいかい高齢者
個人賠償責任保険事業を開始

例えば、このような時に保険が適用されます
- 線路内に立ち入り電車に接触。鉄道会社に車両損壊や遅延損害を与えてしまった。
- 自転車に乗っていて歩行者にぶつかり、相手にけがを負わせてしまった。
- 日常生活における事故で他人のものを壊してしまった。

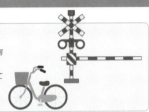

被保険者が法律上の損害賠償責任を負った際、保険で最大3億円を補償。被保険者の自己負担なし

本事業は、認知症による徘徊のおそれのある高齢者などを被保険者とし、踏切事故などにより第三者に損害を負わせてしまった際などに、保険で最大3億円を補償するものです。被保険者の自己負担はありません。

対 象 者 ▶ 市に住民登録している「はいかい高齢者等SOSネットワーク」※登録者
申し込み ▶ 居住地域の地域包括支援センターまたは在宅介護支援センターで同ネットワークに登録。身体状況、徘徊歴などを確認します。
※認知症などにより徘徊するおそれのある人の早期発見、保護を目的とした事前の情報登録制度。

保健福祉センター高齢福祉課認知症施策推進担当 ☎(260)5612 FAX(260)1156。

mini Column　自治体が公費で賠償責任保険の保険料を負担！

「左ページのような損害賠償保険に入っておけば安心だが、(損害保険の保険料は安いといっても)掛け金の出費は負担になる」という人はいるでしょう。そうしたなか、神奈川県大和市では市が損害賠償(最大3億円)の保険契約を結び、認知症の人を被保険者としたうえで公費によって保険料をまかなうというしくみを2017年11月からスタートさせました。つまり、被保険者の自己負担はゼロというわけです。被保険者となるには、市の「はいかい高齢者等SOSネットワーク」に登録することが条件となりますが、保険料負担が気になる家族としてはありがたいしくみでしょう。今後、こうした取り組みがほかの自治体にも拡大していくことが期待されます。

> 6−9　消費生活センター

認知症の人が消費者被害にあった場合は？

 結論　最寄りの消費生活センターにまず相談。センターの連絡先がわからない場合は「188番」へ

○ まずは最寄りの消費生活センターに相談する

　高齢者などを狙う詐欺商法は後を絶ちません。特に認知症の人の場合、**判断能力の低下などからターゲットになりやすい**ので注意が必要です。

　もし、家族の不在時などに、訪問販売やリフォーム勧誘などによる消費者被害を受けた場合は、まず最寄りの**消費生活センター**に相談を。

　消費生活センターは自治体が設置している機関です。全国に約850カ所設けられていて、電話や面談でアドバイスをしてくれます。

　もし、最寄りの消費生活センターの連絡先がわからない場合は、消費者庁が設けている「**消費者ホットライン**」に電話しましょう。局番なしの「**188（いやや！）**」でナビ音声が対応し、「お住まいの地域の郵便番号」を入力することで、最寄りの消費生活センターにつながります。

○ 話し中の場合のバックアップ相談もある

　なお、消費生活センターは土日祝日などは開設していないケースがほとんどです。その場合は、「188」から**国民生活センター**の休日電話相談につながるので、そちらの担当者に相談してください。

　注意したいのは、最近、国民生活センターを名乗って「消費者被害の調査」や「損害の回復」をうたう怪しい電話がかかってくるケースです。

　国民生活センターから上記のような電話をかけることはないので、かかってきたら、こちらも消費生活センターに知らせましょう。

○ 法律相談の場合は「法テラス」でもOK

なお、消費者被害などで具体的な法的トラブルにあったりしている場合は、**法テラス（日本司法支援センター）**に相談する方法もあります。

この法テラスは国が設立した法的トラブルの総合案内所で、困っているケースに応じて、問題を解決するための法制度や手続き、適切な相談窓口を無料で案内してくれます。電話での相談の場合は、0570-078374（おなやみなし）にかけてみましょう。

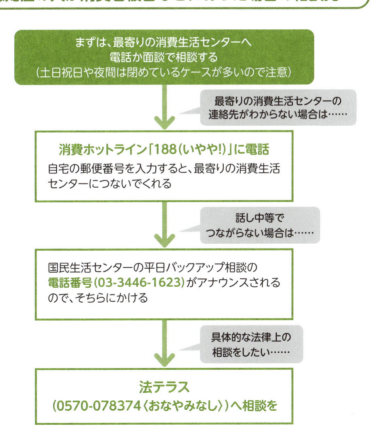

認知症の人が消費者被害などにあった場合の相談先

6-10 クーリングオフ制度

消費者被害にあったらクーリングオフも活用

 結論 一定期間内であれば無条件で解約OK。取引内容に応じて期間が異なるので注意したい

○ 取引形態別のクーリングオフ期間は？

　認知症の人などが判断能力の低下などにつけ込まれ、訪問販売などの不意打ち的な取引で契約してしまった——そうしたケースでは、一定期間であれば無条件で一方的に契約を解除できるというしくみがあります。

　これを**クーリングオフ制度**といいます。この場合の「一定期間」は、取引の形態によって変わってきます。具体的には以下のとおりです。

- ●訪問販売（アポイントメント商法含む）、電話勧誘販売……8日間
- ●特定継続的役務提供（語学・パソコン教室、エステなど）……8日間
- ●連鎖販売取引（マルチ商法）……20日間
- ●業務提供誘引販売取引（内職商法、モニター商法など）……20日間
- ●訪問購入（業者が自宅等を訪ねて商品の買い取りを行う）……8日間

○ クーリングオフは書面での通知が必要

　これらの「期間」は、申し込みの書面または契約書面（電磁的記録でもOK）の「いずれか早いほうを受け取った日」から計算します。なお、**3000円未満の現金取引や適用除外商品のほか、通信販売にもクーリングオフは適用されない**ので注意しましょう。クーリングオフを行う場合は、必ず**書面で販売した相手方に伝える**ことが必要です。はがきでも構いません（図参照）。送付する方は、「内容証明郵便」または「簡易書留」で送るようにしましょう。

PART 6 認知症の人のためのお金と権利擁護

クーリングオフの送付書面の例

```
                    通知書
次の契約を解除します。

契約年月日   令和○年○月○日
商品名      ○○○○○○
契約金額     ○○○○○円
販売会社     ××××  □□営業所
         担当者  △△△△△△


支払った代金○○○○○円を返金し、商品を引き取ってください


令和○年○月○日

                  ○○県○市○町○丁目○番○号
                  氏名  ○○○○○○
```

※適用商品・サービスであるかどうかや通知書の書き方がわからない場合は、最寄りの消費生活センターへ相談を

Column 被害急増中のリフォームトラブルの場合は？

「屋根の板金がはがれている」など自宅の不具合を指摘して不安をあおり、そのまま不要かつ高額なリフォーム契約を結ばせるといったリフォームに関する消費者被害も増えています。このリフォーム契約についても、訪問販売のひとつとしてクーリングオフの対象となります（自ら事業所に出向いて契約するといったケースを除く）。なお、クーリングオフの期間は8日ですが、明らかに詐欺で契約書に不備がある場合は期間を過ぎていてもクーリングオフできることがあります。クーリングオフでは、先に支払ってしまった金銭を取り戻すことも可能です。ただし、相手が音信不通や所在不明になるケースもあるので、その場合は費用の返還は難しくなることもあるので注意しましょう。

6-11 成年後見制度

成年後見制度のしくみ と法定後見の手続き

 成年後見制度には、法定後見と任意後見がある。法定後見は、さらに3つに分類される

○ 成年後見制度にはどんなものがある？

　認知症の人の立場に立った権利擁護のため、後見人等が財産管理や契約等の代理を行うことを法的に定めたのが**成年後見制度**です。

　本人の生活を最優先に考えたうえで、必要となる医療・介護などのサービスを選んだり、利用の手続きを進めたりします。

　成年後見制度には、①認知症になってから後見人等を立てる「**法定後見**」と、②認知症になる前から後見人等と契約を結んでおく「**任意後見**」があります。ここでは、まず①について取り上げます。

○ 法定後見の申立てができる人の範囲は？

　法定後見は、本人や親族等が本人の住所地を管轄する家庭裁判所（以下、家裁）に申し立て、家裁が後見人等を選任することで開始されます。

　その際、本人の判断能力がどれくらい残っているかによって、「**補助**」「**保佐**」「**後見**」という3つのいずれかが適用されます。判断能力が著しく低下するにつれて、前者から後者へと適用されていきます（表参照）。

　申立てを行えるのは、本人、配偶者、4親等内の親族のほか、本人に身寄りがない場合などは市区町村長が行うこともできます。

　申立てに際しては、さまざまな書類や費用が必要です。書類や費用については、次頁の図を参照してください。

　家裁は後見等開始の審判と同時に、後見人（または補助人・保佐人）

PART **6** 認知症の人のためのお金と権利擁護

の選任を行います。申立人はあらかじめ「後見人等の候補者」を挙げる
ことが必要ですが、本人と候補者の利害関係などが考慮されたうえで、
候補者以外の人が後見人として選ばれることもあります。

法定後見制度の3類型

	補助	保佐	後見
対象となる方	判断能力が不十分な方	判断能力が著しく不十分な方	判断能力が欠けているのが通常の状態の方
成年後見人等が同意または取り消すことができる行為※1	申立てにより裁判所が定める行為※2	借金、相続の承認など、民法13条1項記載の行為のほか、申立てにより裁判所が定める行為	原則としてすべての法律行為
成年後見人等が代理することができる行為※3	申立てにより裁判所が定める行為	申立てにより裁判所が定める行為	原則としてすべての法律行為

※1 成年後見人等が取り消すことができる行為には、日常生活に関する行為（日用品の購入など）は含まれない
※2 民法13条1項記載の行為（借金、相続の承認や放棄、訴訟行為、新築や増改築など）の一部に限る
※3 本人の居住用不動産の処分については、家庭裁判所の許可が必要となる
※補助開始の審判、補助人に同意権・代理権を与える審判、保佐人に代理権を与える審判をする場合には、本人の同
　意が必要

出所:厚生労働省「成年後見制度」ポータルサイト (https://guardianship.mhlw.go.jp/)

申立てに際して必要となるもの

- ●申立書
- ●診断書（成年後見用）
  ※申立書および診断書（成年後見用）の用紙は家庭裁判所や裁判所ウェブサイトから入手可能
- ●申立手数料（1件につき800円分の収入印紙）
  ※補助や保佐において、代理権や同意権を付与する審判を同時に申し立てる場合は、これらの申立てそれぞれにつき収入印紙800円分が必要になる
- ●登記手数料（2600円分の収入印紙）
- ●郵便切手
- ●本人の戸籍謄本
- ●鑑定料（鑑定を行う場合）　など

※申立てセット一式（東京家庭裁判所提出用）については、以下からダウンロードできます
www.courts.go.jp/
tokyo-f/vc-files/tokyo-f/
kouken/110201.pdf

出所:裁判所「成年後見の申立て」

6-12 任意後見制度

任意後見のしくみと利用のしかた

 判断能力のあるうちに、本人が選んだ人と任意後見契約を結び、認知症になったら後見開始

○ 判断能力があるうちから後見人を指名

　任意後見とは、本人に判断能力があるうちから、「**本人の意思**」で特定の人を後見人とするための契約を結んでおくというしくみです。

　この契約内容を、公証人役場で作成する**公正証書**に定めておきます。

　そして、本人が認知症などによって判断能力が低下したら、本人や配偶者、4親等内の親族、そして「任意後見契約」を受任した人が、法定後見と同じく家裁に申立てを行います。

　この申立ては、「任意後見人を監督する人」（任意後見監督人）の選任を行うことが目的です。つまり、任意後見人が本人との契約内容をきちんと行っているかをチェックする人が選任され、それによって任意後見が正式にスタートするという流れになるわけです。

○ 民事上の任意代理契約との違いは何か

　ちなみに、「自分の判断能力が低下したときに、財産管理や契約上の代理をお願いしたい」というのであれば、（やはり判断能力が低下する前から）民事上の**任意代理契約**を結ぶという方法もあります。

　こちらは、家裁への申立てなどの必要はありません。ただし、任意後見監督人のようなチェック機能を果たすしくみは弱くなります。

　また、公正証書にもとづいた任意後見と比べて、さまざまな商取引などに際しての社会的信用が十分でないという課題もあります。

PART 6 認知症の人のためのお金と権利擁護

任意後見制度利用までの流れ

任意後見人として支援してくれる人を選ぶ

> 司法書士や社会福祉士と任意代理契約からお願いして信頼関係を築いておく方法も

⬇

候補者に「代理をお願いする法律行為」の範囲を決めて契約を結ぶ（法定後見における同意権・取り消し権などの支援はありません）

公証人による公正証書を作成する

本人が認知症などで判断能力が衰えたら本人、親族、任意後見契約受任者の申立てによって家裁が後見監督人を選任する

⬇

任意後見がスタートする

Column 任意代理と任意後見のダブル利用の方法も

高齢で身体的に衰えたりしてさまざまな商取引などをひとりで行うのが難しい、でも、まだ判断能力は十分にある──そうした場合に、任意代理契約のしくみをまず活用しつつ、同時に「自分が認知症になった場合」を考えて任意後見契約も結んでおくという方法もあります。これなら、判断能力が衰えた段階で申立てによって任意後見に移行できる（任意後見監督人がつく）わけで、任意代理契約の不備をカバーできるわけです。2つのしくみに関する手続きが必要なのと、ケースによっては別の方法がベターということもあるので、活用したい場合は公益社団法人成年後見センター・リーガルサポートに相談してみましょう。

195

6-13 後見制度支援信託

後見制度のオプション 後見制度支援信託とは？

 成年後見のみで活用が可能。通常使わない額の金銭を信託銀行等に信託するしくみ

○ 普段使わない金銭の管理をどうするか？

　成年後見制度を利用している人は、日常的な生活費などの支払いを行うのに必要な金銭（預貯金等）については後見人が管理します。

　しかし、それ以外に（普段は使わない）多額の金銭がある場合、その部分については別途管理を行ったほうがいい場合もあります。

　そうしたケースで活用されるのが**後見制度支援信託**というしくみです。

　具体的には、普段使わない金銭について法定後見人（委託者は本人）が信託銀行等と信託契約等を結ぶというものです。対象となるのは**成年・未成年後見のみ**で、**補助・保佐・任意後見では適用されません**。

○ 後見制度支援信託には家裁の指示書が必要になる

　この後見制度支援信託を活用する場合も、家裁による指示が必要です。

　まず、法定後見の審判の段階で、家裁は「この人には後見制度支援信託が必要になる」と判断した場合には、後見人には弁護士や司法書士、社会福祉士などの専門職を選任します（専門職後見人といいます。親族後見人も同時に選任されて後見を分担することもあります）。

　この専門職後見人が、「本人に後見制度支援信託が必要」と判断した場合には、信託する財産の額も含めて報告書を家裁に提出します。

　その報告書にもとづき、家裁が「後見制度支援信託の利用」を認めると指示書を発行します。専門職後見人は、その指示書をもって信託銀行

等と信託契約を結び、日常的に使う以外の金銭は信託されます。

○ 信託できる財産は「金銭」に限られる

　信託された金銭は、信託銀行から「日常的に使う分」だけ本人へと定期的に交付されます。これも事前の家裁の指示書にもとづきます。

　もし定期的な交付額よりも多くの金銭が必要となった場合は、そのつど家裁に報告書を提出して指示書を発行してもらいます（定期的な交付額を変更する場合、あるいは本人に臨時収入があって、それを信託に回す場合でも同様の手続きが必要です）。

　ちなみに信託できる財産は「金銭」に限られます。後見制度支援信託の利用のために不動産等を売却することは想定されていません。

　なお、後見制度支援信託を活用する場合には、成年後見に関する報酬とは別に専門職後見人と信託銀行等に報酬が発生します。この報酬については、家裁が本人の資産状況を考慮して決定します。

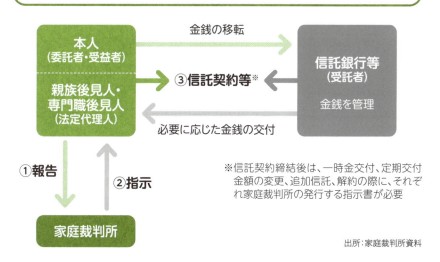

権利擁護の切り札だが……

成年後見制度に不安あり国の対策はどうなっている？

　最高裁の発表によれば、2023年の成年後見制度の申立て件数は4万951件で、対前年比で約3.1％の増加となっています。

　もっとも認知症高齢者の数が600万人以上であることを考えると、かなり少ない印象があります。どんな課題があるのでしょうか。

　まず、後見制度が適用された人は「その旨が登記される」ということへの心理的なハードルがありそうです。また、申立てにかかる費用や後見人への報酬といった金銭的な壁も指摘されます。

　さらに、後見人等による不正（特に専門職外の親族等による不正が目立つ）が制度への信頼を揺るがしている部分もあります。不正件数は2023年で184件ですが、被害額は17億円にのぼります。

● 申立て費用の助成は徹底されるか？

　こうしたさまざまな課題を受け、国は2016年5月に「成年後見制度の利用の促進に関する法律」を施行し、市区町村に対して「成年後見制度の利用促進」に関する必要な措置を講じることを求めました。

　たとえば、国は成年後見制度の申立てや鑑定にかかる費用の助成を行っていますが、この助成に関する事業は市区町村の任意となっていることもあり、一部市区町村では未実施の状態となっています。

　また、不正防止の徹底を図るために、後見制度支援信託以外の方策に向けた計画の立案（預貯金の払い戻しには、後見監督人等も関与するなど）も、市区町村が立てる計画に盛り込むよう求められています。

　今後、お住まいの市区町村が立てる計画に注目してみましょう。

巻末資料

「認知症チェックリスト」と「認知症ケアパス」

「認知症ケアパス」は、認知症の人やその家族が受けられるサービスを、その流れとともに紹介したものです。各市町村で作成しているため確認してみましょう。

自分でできる認知症の気づきチェックリスト

認知症が気になり始めたら、まずはチェックしてみましょう。

チェック項目	1点	2点	3点	4点
①財布や鍵など、物を置いた場所がわからなくなることがありますか？	まったくない	ときどきある	頻繁にある	いつもそうだ
②5分前に聞いた話を思い出せないことがありますか？	まったくない	ときどきある	頻繁にある	いつもそうだ
③周りの人から「いつも同じ事を聞く」などのもの忘れがあると言われますか？	まったくない	ときどきある	頻繁にある	いつもそうだ
④今日が何月何日かわからないときがありますか？	まったくない	ときどきある	頻繁にある	いつもそうだ
⑤言おうとしている言葉が、すぐに出てこないことがありますか？	まったくない	ときどきある	頻繁にある	いつもそうだ
⑥貯金の出し入れや、家賃や公共料金の支払いは一人でできますか	問題なくできる	だいたいできる	あまりできない	できない
⑦一人で買い物に行けますか	問題なくできる	だいたいできる	あまりできない	できない
⑧バスや電車、自家用車などを使って一人で外出できますか	問題なくできる	だいたいできる	あまりできない	できない
⑨自分で掃除機やほうきを使って掃除ができますか	問題なくできる	だいたいできる	あまりできない	できない
⑩電話番号を調べて、電話をかけることができますか	問題なくできる	だいたいできる	あまりできない	できない

①〜⑩の合計が20点以上の場合は、認知機能や社会生活に支障が出ている可能性があります

合計点 ___ 点

出所：東京都福祉保健局

巻末資料

認知症ケアパスのイメージ図

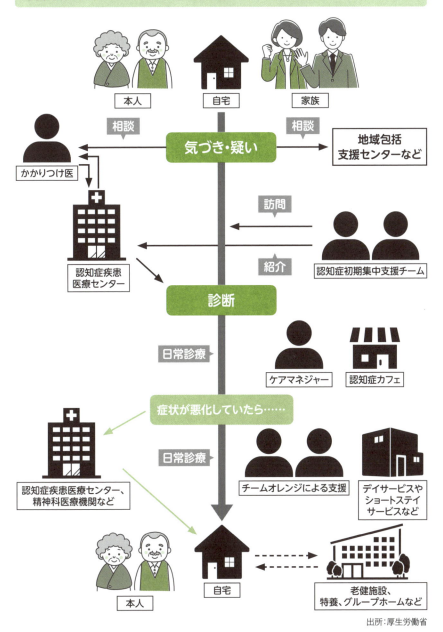

出所：厚生労働省

毎日の生活をより楽に楽しくする工夫

認知症の人が、毎日を少しでも楽しく過ごすには、「書き留めておく」ことが有効です。文字に残すことは記憶の保存だけでなく、頭の活性化にもつながります。

わたしが大切にしたいことメモ

ご家族や友人と話をしながら、大切にしたいことを書いてみましょう。

わたしにとって……	
大切な思い出	
大切な人	
大切なもの (ささいなものでも)	
楽しみ、好きなこと	
好きな場所・ 行きたいところ	
好きな食べ物・飲み物	

巻末資料

わたしにとって……	
好きな音楽・歌	
好きなことば	
大切な習慣・こだわり	
これからもやりたいこと・つづけたいこと	
これから新たにやってみたいこと	
不安なこと	
嫌なこと	
（人に）してほしくないこと	
自由に 自分なりに書いておきたいこと、人にわかってほしいことなど	

出所：東京都健康長寿医療センター発行「本人にとってのよりよい暮らしガイド」（厚労省の老人保健健康増進等事業）

※「本人にとってのよりよい暮らしガイド（通称：本人ガイド）」は、日本認知症本人ワーキンググループ（JDWG）によって作成されたもの。認知症になった体験をもとに、診断を受けた後に絶望せずに自分なりによりよい日々を暮らしていくためのヒントをまとめている

203

認知症施策推進大綱の全体像
～2019年6月18日策定～

認知症施策推進大綱は、認知症対策にかかわる国の方針を示したものです。なお、政府は2024年秋に向け、認知症基本法にもとづく認知症施策推進基本計画を策定中です。

認知症施策推進大綱の基本的な考え方

共生
- 認知症の人が、尊厳と希望をもって「認知症とともに生きる」
- 認知症の有無にかかわらず、「同じ社会でともに生きる」

予防
- 認知症になるのを遅らせる
- 認知症になっても進行を緩やかにする、症状を穏やかにする
- 「認知症にならない」という意味ではない

この２つの考え方を両輪としつつ以下の５つの柱に沿って施策を展開

- Ⅰ 普及啓発・本人発信支援
- Ⅱ 予防
- Ⅲ 医療・ケア・介護サービス・介護者への支援
- Ⅴ 研究開発・産業促進・国際展開
- Ⅳ 認知症バリアフリーの推進・若年性認知症の人への支援・社会参加支援

巻末資料

5つの柱ごとの具体的な取組内容（例）

I 普及啓発・本人発信支援

- ●認知症サポーター養成講座等を通じた認知症に関する理解促進
- ●地域包括支援センターなど相談先の周知、認知症ケアパスの活用
- ●本人ミーティング等の普及を通じた本人の発信支援

Ⅱ 予防

- ●「通いの場」など認知症予防に資する可能性のある活動の推進
- ●BPSDへの対応も含めた、予防に関するエビデンスの収集の推進
- ●民間の商品やサービスの評価・認証のしくみの検討

Ⅲ 医療・ケア・介護サービス・介護者への支援

- ●地域包括支援センターやかかりつけ医による早期発見・早期対応
- ●医療機関・介護施設等での適切な治療やリハビリの実施
- ●認知症初期集中支援チームの先進的な活動事例を全国展開
- ●認知症疾患医療センターによる医療・介護現場への助言・指導
- ●医療・介護従事者等の認知症対応力向上の推進
- ●BPSD対応に向けた医療・介護の手法の普及・開発
- ●介護休業制度等の活用による認知症の人の介護者の負担軽減

V 研究開発・産業促進・国際展開

- ●認知症の予防、診断、治療、ケア等のための研究
- ●日本医療研究開発機能によるコホート研究（疾病の要因と発症の関係を調べる）の基盤整備
- ●認知症研究の成果による産業促進や認知症にかかる介護サービス等の国際展開

IV 認知症バリアフリーの推進

- ●若年性認知症の人への支援
- ●社会参加支援
- ●認知症になっても利用しやすいような生活環境の改善や工夫
- ●自動運転移動サービスなど移動手段や交通安全の確保の推進
- ●サービス付き高齢者向け住宅など見守り等を行なう住宅の確保
- ●認知症の行方不明者の捜索ネットワークや捜索システムなど
- ●認知症に関する取り組みを実施している企業等の認証制度や表彰
- ●認知症の人の意見を踏まえた商品・サービスの開発推進
- ●後見制度支援信託・預金などの金融商品開発の推進
- ●成年後見制度の利用促進や消費者被害防止施策の推進
- ●高齢者への虐待防止施策の推進
- ●損害賠償保険など認知症に関するさまざまな民間保険の推進
- ●違法行為を行なった高齢者等への福祉的な支援
- ●ハンドブック配布やコールセンター運営など若年性認知症支援
- ●認知症の人の地域活動の場づくりなど社会参加への支援

■認知症施策推進大綱で示された具体的な施策の実施状況

項目	認知症施策推進大綱の目標 （年度無表記は2025年度）	2023年6月末時点の 進捗状況
認知症サポーター養成	1500万人	約1464万人 （企業・職域型　約303万人）
認知症対応力向上研修		※進捗状況は2022年
・かかりつけ医	9万人	7万6738人
・認知症サポート医	1万6000人	1万3439人
・歯科医師	4万人	2万5086人
・薬剤師	6万人	4万8297人
・医療従事者	30万人	20万2130人
・病院勤務看護師等	4万人	2万9397人
認知症疾患医療センター	全国で500か所 （二次医療圏ごとに1か所 以上）	2022年10月時点で499か所 （二次医療圏域の設置率 94.9%）
認知症初期集中支援チームによる 訪問実人数	年間4万件	2022年時点で1万5280人
介護従事者に対する認知症対応力向上研修		※進捗状況は2022年時点
・認知症介護指導者養成研修	2800人	2686人
・認知症介護実践リーダー研修	5万人	5万2026人
・認知症介護実践者研修	32万人	33万7人
認知症カフェ	全市町村に普及	2022年時点で1563市町村 （全市町村の89.8%）
市町村における 認知症ケアパス作成率	100%	2022年時点で1631市町村 （全市町村の93.7%）

※認知症介護基礎研修については、2023年度末までに介護にかかわるすべての者が研修を受けることを義務づけ

出所：厚生労働省

巻末資料

地域の新たな取り組み「本人ミーティング」

　本人ミーティングとは、認知症の本人同士が集い、自らの体験や希望、必要としていることを話し合う場です。さらには、自分たちのこれからのよりよい暮らし、暮らしやすい地域のあり方についても提案してもらい、それを地域の施策に活かしていきます。

■ 本人ミーティングの7つのポイント

❶一連のプロセスを大切に楽しみながら行う
- 本人ミーティングは「企画⇒開催⇒活かす」のプロセスが重要
- 力まずに、自分も関係者も「楽しく」が合言葉

❷企画段階から本人が参加
- 何をどうしたらいいか、本人に聴いてみる

❸必要性とねらいを常に確認・共有
- 「なぜ必要か」「何のためにやるのか」を常に共有する

❹地域にあるものを活かしてつなげる
- ゼロからのスタートではなく、地域に既にある取り組みや資源を活かすことでスタートしやすく、

その後の展開の幅も広がる

❺できる範囲でまずはやってみる
- 一度開催することで様子がわかり、いろいろな発見や次につながるヒントが得られる

❻本人同士がつながり、地域で継続的に
- 開催しておしまいにせず、本人同士が普段から地域で継続的に集える場や活動を一緒に考え、つくっていく

❼小さな変化・成果をキャッチし地域に発信する
- 本人ミーティングの開催当日だけでなく、途上の変化・成果を丁寧にとらえ発信することで、地域づくりが加速する

■ 本人ミーティングの取り組み事例

地域名	取り組み事例
北海道北見市	地域の人々の立ち寄り場となっている「地域食堂」で開催。当日は、地域の人が差し入れ等の支援をしてくれる
宮城県仙台市	本人による本人のための相談窓口「おれんじドア」が中心となり、本人同士が意見を出し合う会を開催
東京都国立市・立川市広域	普段からなじんでいる「認知症カフェ」で、カフェの定例日に継続的に本人ミーティングを開催
東京都町田市	普段利用しているデイサービスを拠点に、好きな活動をしながら。進行役も記録も本人が行う
長野県上田市	小規模多機能型を利用している人に声をかけ、なじみの関係、なじみの場で気軽に話し合ってもらう
静岡県富士宮市	市の認知症ケアパスづくりに本人ミーティングを活かす。キャラバンメイトなどにも参加を呼びかけ
大阪府大阪市	NPO法人が主催している週1回の集まりの場で、なじみのメンバーがざっくばらんに、突っ込んだ話し合いを継続
兵庫県	「私たちのことは私たちが決める」「自分たちの問題を社会の問題に」を目指した「若年性認知症とともに歩む　ひょうごの会」が開催
香川県綾川町	本人ミーティングの企画段階から本人・家族が参加。町で養成している介護予防サポーターが支援者になり、参加をよびかけ

出所:厚生労働省「本人ミーティング開催ガイドブック」より抜粋

207

認知症の人の「運転」をめぐる課題と対策

2022年5月13日に改正道交法が施行され、75歳以上の高齢運転者の免許制度のあり方が見直されました。一定違反歴のある人に運転技能検査も導入されました。

高齢運転者対策の推進を図るための規定の整備

高齢運転者への安全対策として、以下の3つの規定が整備されました。

認知機能検査に関する規定の整備

75歳以上で、過去3年間に一定の違反歴がない者は、更新期間内に認知機能検査を受けるか、認知症でない旨の医師の診断書を提出しなければなりません。なお、認知機能検査が一部簡素化されました。

高齢者講習に関する規定の整備

認知機能検査を受けた者が一定の基準に該当するときは、認知機能検査の結果にもとづいて、高齢者講習を受けなければなりません。

運転技能検査に関する規定の整備

75歳以上で、過去3年間に信号無視などの一定の違反歴がある者は、更新期間内に運転技能検査を受けて合格しなければ、運転免許証を更新できません。

サポートカー限定免許制度について

運転に不安を感じる人に対して、運転免許証の自主返納だけでなく、**より安全なサポートカーに限って運転を継続する**という新たな選択肢を設ける制度です。**サポートカー限定免許の申請は、運転免許証の更新時に併せて行うことが可能**です。サポートカーのリストは警察庁ウェブサイトに掲載されています。

巻末資料

高齢者の運転免許更新制度

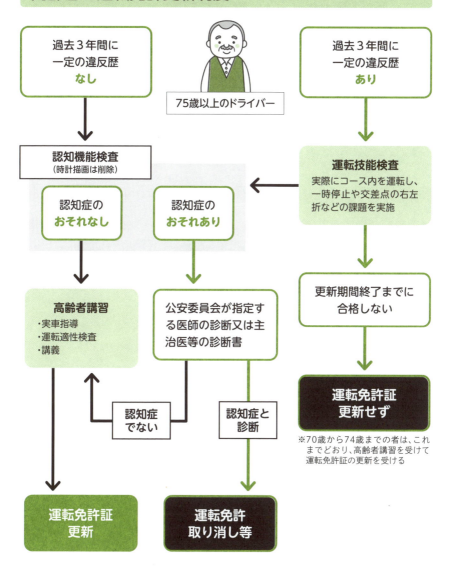

※70歳から74歳までの者は、これまでどおり、高齢者講習を受けて運転免許証の更新を受ける

介護保険サービスの
利用にかかる費用について

介護サービスの利用には多額の費用がかかります。介護保険制度による自己負担額は1
～3割です。また、低所得者を対象とした利用者負担の軽減措置もあります。

1.介護保険サービスの利用料

介護保険サービスの利用にかかる費用負担については、所得に応じて負担割
合が変わります。所得割合は以下の表のようになっています。

■利用者負担割合

	負担割合
年金収入等 340万円以上※1	3割
年金収入等 280万円以上など※2	2割
年金収入等 280万円未満	1割

※1 合計所得金額(給与収入や事業収入等から給与所得控除や必要経費を控除した額)220万円以上。これは、年金
収入プラスその他所得ベースにすると340万円以上に相当する(年金収入だけの場合は344万円以上となる)
※2 合計所得金額160万円以上だが、年金収入ベースにすると280万円以上に相当する

出所:厚生労働省「介護保険制度の見直しについて」

2.サービス利用者の費用負担等

居宅サービスの利用においては、要介護度別に1カ月あたりの支給限度額
(サービスの量。一部除く)が定められています。

限度額の範囲内でサービスを利用した場合は、上図の割合での自己負担とな
りますが、限度額を超えた場合は、超えた分が全額自己負担となります。

施設サービスにおいては、サービス利用料のほかに、居住費、食費、日常生
活費などが自己負担となります。

■居宅サービスの1カ月当たりの支給限度額 (介護報酬の1単位を10円として計算)

要支援1	5万320円
要支援2	10万5310円
要介護1	16万7650円
要介護2	19万7050円
要介護3	27万480円
要介護4	30万9380円
要介護5	36万2170円

出所:社会保障審議会 介護給付費分科会(第168回)「2019年度介護報酬改定について」

■施設※サービスを利用した場合にかかる自己負担の範囲

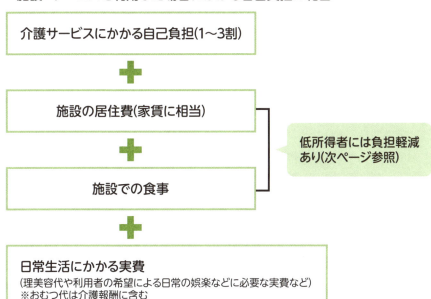

※特別養護老人ホーム、介護老人保健施設、介護医療院など

3. 低所得の方への支援

　利用者負担が過重にならないよう、所得の低い方には所得に応じて「特定入所者介護サービス費（補足給付）」などの措置が講じられています。

　対象者は以下の表のとおりですが、預貯金が一定以上ある場合は対象外です。

■ 軽減制度の対象者

設定区分	対象者
第1段階	生活保護受給者等
	世帯全員※が市区町村民税非課税で、老齢福祉年金受給者
第2段階	世帯全員※が市区町村民税非課税で、本人の公的年金収入額＋合計所得金額が80万円以下
第3段階①	世帯全員※が市町村民税非課税で、本人の公的年金収入額＋合計所得金額が80万円超120万円以下
第3段階②	世帯全員※が市町村民税非課税で、本人の公的年金収入額＋合計所得金額が120万円超
第4段階	市区町村民税課税世帯（補足給付の対象外。負担限度額なし）

※世帯分離している配偶者を含む

出所：厚生労働省 介護事業所・生活関連情報検索「サービスにかかる利用料」

特定入所者介護サービス費が支給された場合の負担限度額

　介護保険施設入所者の人で、所得や資産等が一定以下の方（上表参照）に対して、負担限度額を超えた居住費と食費の負担額が介護保険から支給されます。

　負担限度額は、所得段階・施設の種類・部屋のタイプによって異なります。

■ 介護老人福祉施設（特別養護老人ホーム）、短期入所生活介護の場合（日額）

		基準費用額	負担限度額			
			第1段階	第2段階	第3段階①	第3段階②
食費	施設の場合	1445円	300円	390円	650円	1360円
	短期入所の場合			600円	1000円	1300円
居住費	ユニット型個室	2066円		880円	1370円	
	ユニット型個室的多床室	1728円		550円		
	従来型個室	1231円	380円	480円	880円	
	多床室	915円	0円		430円	

※2024年8月より施行

巻末資料

■ 特定入所者介護サービス費の認定要件である預貯金額

施設等の居住費・食費の負担を軽減する「特定入所者介護サービス費（補足給付）」の支給については、所得だけでなく「預貯金額」も認定要件に勘案されます。これまで「単身で1000万円以下、夫婦世帯で2000万円以下」となっていましたが、2021年8月から所得区分第2、第3①、第3②については、以下のように引き上げられました。

	2021年7月まで	見直し後（2021年8月以降）
年金収入等※ 80万円以下	単身1000万円 夫婦2000万円 ※第1段階のうち、生活保護受給者等を除く世帯は変わりなし	単身650万円、夫婦1650万円
年金収入等※ 80万円超120万円以下		単身550万円、夫婦1550万円
年金収入等※ 120万円超		単身500万円、夫婦1500万円

高額介護サービス費

介護サービスの利用料が、月々の1〜3割負担の世帯の合計額が、所得に応じて区分された上限額を超えた場合、超えた分が介護保険から支給されます。

なお、2021年8月から年間所得が一定以上ある人について、負担上限額が引き上げられました。

■ 高額介護サービス費支給の対象者と月あたり負担上限額

区分	負担の上限額（月額）
課税所得690万円（年収約1160万円）以上	14万100円（世帯）
課税所得380万円（年収約770万円）〜課税所得690万円（年収約1160万円）未満	9万3000円（世帯）
市区町村民税課税〜課税所得380万円（年収約770万円）未満	4万4400円（世帯）
世帯の全員が市町村民税非課税	2万4600円（世帯）
前年の公的年金等収入金額＋そのほかの合計所得金額の合計が80万円以下の方など	2万4600円（世帯） 1万5000円（個人）
生活保護を受給している方など	1万5000円（世帯）

213

高額療養費制度について

医療サービスを受けた際の自己負担額が過重となった際に利用できる「高額療養費制度」について、紹介します。

高額療養費制度

高額療養費制度は、家計に対する医療費の自己負担が過重なものとならないよう、医療機関や薬局の窓口で医療費の自己負担（入院時の食費負担等は含まない）を支払ったあと、月ごとの自己負担限度額を超える部分について、事後的に保険者から償還払いされる制度です（複数の医療機関分を合算できます）。

例 70歳以上・年収約370万円～770万円の場合（3割負担）

100万円の医療費で、窓口負担（3割）が30万円かかるとして……

高額療養費として支給：30万円－8万7430円＝21万2570円

自己負担限度額：8万100円＋（100万円－26万7000円※）×1％＝8万7430円

※ 3割負担分が8万100円となるときの医療費（8万100円÷0.3＝26万7000円）

出所：厚生労働省保険局「高額療養費制度を利用される皆さまへ」

毎月の上限額は、加入者が70歳以上かどうかや、加入者の所得水準によって分けられます。また、70歳以上の方には、外来だけの上限額も設けられています。

巻末資料

■69歳以下の方の上限額

適用区分	ひと月の上限額（世帯ごと）
年収：約1,160万円〜 健保：標報83万円以上 国保：旧ただし書き所得901万円超	25万2600円＋（医療費－84万2000円）×1%
年収：約770〜1,160万円 健保：標報53〜79万円 国保：旧ただし書き所得600〜901万円	16万7400円＋（医療費－55万8000円）×1%
年収：約370〜770万円 健保：標報28〜50万円 国保：旧ただし書き所得210万〜600万円	8万100円＋（医療費－26万7000円）×1%
年収：〜約370万円 健保：標報26万円以下 国保：旧ただし書き所得210万円以下	5万7600円
住民税非課税者	3万5400円

出所：厚生労働省保険局「高額療養費制度を利用される皆さまへ」

■高額療養費制度の見直し（70歳以上の方の上限額）

	適用区分	外来（個人ごと）	ひと月の上限（世帯ごと）
現役並み	年収約1160万円〜 標報83万円以上／課税所得690万円以上	25万2600円＋ （医療費－84万2000円）×1%	
現役並み	年収約770万円〜年収約1160万円 標報53万円以上／課税所得380万円以上	16万7400円＋ （医療費－55万8000円）×1%	
現役並み	年収約370万円〜年収約770万円 標報28万円以上／課税所得145万円以上	8万100円＋ （医療費－26万7000円）×1%	
一般	年収約156万円〜年収約370万円 標報28万円以下／課税所得145万円未満等	1万8000円 （年14万4000円）	5万7600円
住民税非課税等	Ⅱ住民税非課税世帯	8000円	2万4600円
住民税非課税等	Ⅰ住民税非課税世帯（年金収入80万円以下など）	8000円	1万5000円

※ひとつの医療機関などで自己負担（院外処方代を含む）では上限を超えないときでも、同じ月の別の医療機関などで自己負担を合算することができる。この合算額が上限額を超えれば、高額療養費の支給対象となる

認知症施策推進基本計画策定に向けた今後のスケジュール

政府は、共生社会の実現の推進を目的として、認知症基本法にもとづき認知症施策推進基本計画の策定を進めています。

■ 2023〜2030年の動き

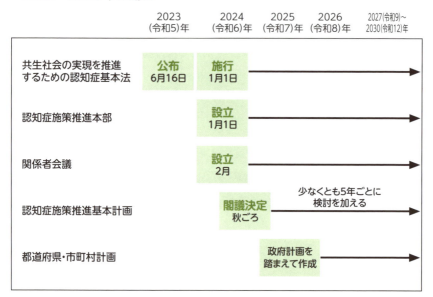

■ 2024(令和6)年の動き

1月1日	共生社会の実現を推進するための認知症基本法の施行
1月26日	第1回認知症施策推進本部
2月〜	認知症施策推進関係者会議
秋ごろ	第2回認知症施策推進本部 認知症施策推進基本計画の閣議決定

複数回開催し、関係団体等へのヒアリングを実施の上、基本計画案等について検討する

出所:厚生労働省

巻末資料

「共生社会の実現を推進する ための認知症基本法」概要

認知症の人が尊厳を保持しつつ、その個性や能力を十分に発揮しながら支え合える社会（共生社会）の実現をめざして、2024年1月1日に施行された法律です。

■ 認知症基本法の基本的政策

認知症基本法は、認知症の人の基本的人権や意思を尊重するのに加え、医療・福祉サービスや自治体による社会環境の整備を通して国民が認知症に関して正しい知識や理解を促すことなどを基本理念とし、以下8つの基本的政策を挙げています。

1 認知症の人に関する国民の理解の増進等
認知症に関する正しい知識と理解を深められるようにする

2 認知症の人の生活におけるバリアフリー化の推進
認知症の人が自立した日常生活を安心して送れるようにする

3 認知症の人の社会参加の機会の確保等
認知症の人の意欲や能力に応じた活動の支援を通じて生きがいや希望をもった暮らしができるようにする

4 認知症の人の意思決定の支援及び権利利益の保護
認知症の人の意思決定を支援し、権利や利益を適切に保護する

5 保健医療サービス及び福祉サービスの提供体制の整備等
居住地域にかかわらず、良質かつ認知症の人に適切な医療福祉サービスを受けられるようにする

6 相談体制の整備等
認知症の人とその家族が孤立・閉塞しないよう、状況に配慮しつつ種々の相談に総合的に応じる

7 研究等の推進等
認知症の本態解明や予防、治療やリハビリ、介護や社会参画などをより適切なものにする

8 認知症の予防等
早期発見や早期診断、対応を推進する

出所：厚生労働省 老健局

217

障害者に対する助成など

認知症と診断されると、請求により障害年金や傷病手当金を受け取れる場合があるほか、障害者手帳を取得できることがあります。

障害年金

　障害年金は、病気やケガによって生活や仕事などが制限されるようになった場合に、現役世代の方も含めて受け取ることができる年金です（原則65歳未満の方が請求できます）。障害年金には「障害基礎年金」「障害厚生年金」があります。病気やケガで初めて医師の診療を受けたときに、国民年金に加入していた場合には、障害基礎年金が、厚生年金に加入していた場合には、障害厚生年金が請求できます。

傷病手当金

　傷病手当金は、被保険者が業務外の病気やケガのために会社を休み、事業主から十分な報酬が受けられない場合に支給されます。利用できるのは、国民健康保険以外の公的医療保険に加入している人です。また、①療養中のため就業できないこと、②療養のため連続して3日間休んでいること、③4日目以降も引き続き休む必要があること、の要件も満たす必要があります。支給期間は支給開始日から最長1年6カ月です。

障害者手帳

　認知症の人が申請することで取得できる可能性があるのが「精神障害者保健福祉手帳」です（脳梗塞などにより、脳血管性認知症のほか身体に重い障害が残っている場合には「身体障害者手帳」を申請することができます）。障害者手帳をもつことで、①公共料金等の割引、税金の控除・減免、②再就職ができる状態であれば、障害者雇用枠で働くことができる、といったサービスが受けられます（地域によって受けられるサービスが異なることもあります）。

218

巻末資料

認知症とともに生きる希望宣言

希望を持って前を向き自分らしく暮らし続けることを目指し、2018年11月、一般社団法人日本認知症本人ワーキンググループ（JDWG）が表明した言葉です。

❶自分自身がとらわれている常識の殻を破り、前を向いて生きていきます。
・「認知症になったらおしまい」では決してなく、よりよく生きていける可能性を私たちは無数に持っています。　など

❷自分の力を活かして、大切にしたい暮らしを続け、社会の一員として、楽しみながらチャレンジしていきます。
・できなくなったことよりできること、やりたいことを大切にしていきます。
・自分が大切にしたいことを自分なりに選び、自分らしく暮らしていきます。　など

❸私たち本人同士が、出会い、つながり、生きる力をわき立たせ、元気に暮らしていきます。
・落ち込むこともありますが、仲間に会って勇気と自信を蘇らせます。
・仲間と本音で語り合い、知恵を出し合い、暮らしの工夫を続けていきます。　など

❹自分の思いや希望を伝えながら、味方になってくれる人たちを、身近なまちで見つけ、一緒に歩んでいきます。
・自分なりに生きてきて、これからも、最期まで、自分が人生の主人公です。
・自分でしかわからないこと、暮らしにくさや必要なことは何か、どう生きていきたいかを、自分なりに伝え続けていきます。　など

❺認知症とともに生きている体験や工夫を活かし、暮らしやすいわがまちを一緒につくっていきます。
・認知症とともに暮らしているからこそ気づけたことや日々工夫していることを、他の人や社会に役立ててもらうために、伝えていきます。　など

出所：厚生労働省

認知症の人と家族の会 全国電話相談連絡先

「家族の会」では、無料の電話相談を実施しています。認知症に関する知識や介護の仕方を尋ねるほかに、介護のグチや悩みを話すこともできます。研修を受けた介護経験者が対応します。

認知症の電話相談窓口	電話番号	受付時間
認知症の電話相談 (公益社団法人認知症の人と家族の会)	0120-294-456	土日祝を除く毎日 10:00～15:00
北海道支部	011-204-6006	月～金　10:00～15:00
青森県支部	0178-34-5320	水・金　13:00～15:00
岩手県支部	0197-64-5112	月～金　9:00～17:00
宮城県支部	022-263-5091	月～金　9:00～16:00
秋田県支部	018-866-0391	月　10:30～14:00
山形県支部	023-687-0387	月～金　(祝日、年末年始は除く) 12:00～16:00
福島県支部	024-522-1122	月～金　(土日祝日、年末年始(12月29日～1月3日)は除く) 10:00～16:00
茨城県支部	029-828-8089	月～金　13:00～16:00
栃木県支部	028-627-1122	月～土　13:30～16:00
群馬県支部	027-289-2740	月～金　10:00～15:00
埼玉県支部	048-814-1210	月・火・水・金・土 10:00～15:00
千葉県支部	043-238-7731	月・火・木・土　10:00～16:00
東京都支部	03-5367-2339	火・金　10:00～15:00 (祝祭日は除く)
神奈川県支部	045-755-7031	月・水　10:00～20:00 土　10:00～16:00
神奈川県支部	045-662-7833	火・木・金　10:00～16:00
新潟県支部	025-550-6640	記載なし
富山県支部	076-441-8998	夜間毎日　20:00～23:00
石川県支部	070-5146-1025	火・水・木　13:00～17:00
福井県支部	0776-22-5842	月～金　(祝日、年末年始は除く) 12:00～16:00
山梨県支部	055-254-7711	月～金　13:00～17:00
長野県支部	026-293-0379	月～金　9:00～12:00
岐阜県支部	058-214-8690	記載なし

巻末資料

認知症の電話相談窓口	電話番号	受付時間
静岡県支部	0545-64-9042 0120-123-921	月・木・土・日　10:00〜15:00 第三日曜日、祝祭日は休み
愛知県支部	0562-31-1911	月〜金　10:00〜16:00
三重県支部	059-227-8787	記載なし
滋賀県支部	0120-294-473	月〜金　10:00〜15:00
京都府支部	0120-294-677	月〜金　10:00〜15:00
大阪府支部	06-6626-4936	月・水・金　11:00〜15:00
兵庫県支部	078-360-8477	月・金　10:00〜16:00
奈良県支部	0742-41-1026	火・金　10:00〜15:00 土　12:00〜15:00
和歌山県支部	073-432-7660 0120-783-007	月〜土　10:00〜15:00
鳥取県支部	0859-37-6611	月〜金　10:00〜18:00
島根県支部	0853-22-4105	月〜金　10:00〜16:00
岡山県支部	086-801-4165	月〜金　10:00〜16:00
広島県支部	082-254-3821	月・水　12:00〜16:00
	082-553-5353	火　13:00〜16:30
山口県支部	083-925-3731	月〜金　10:00〜16:00
徳島県支部	088-678-4707	月〜金　10:00〜16:00
香川県支部	087-899-2230	月〜日(祝日含む)　24時間
愛媛県支部	089-923-3760	月〜金　10:00〜16:00
高知県支部	088-821-2818	月〜金　10:00〜16:00
福岡県支部	092-771-8595	火・金　(第三火曜を除く) 10:30〜15:30
	092-574-0190	水・土　11:00〜16:00
	0120-851-641	木・第二日　13:00〜16:00
佐賀県支部	0952-37-8545	月〜金　10:00〜16:00
長崎県支部	095-842-3590	火・金　10:00〜16:00
熊本県支部	096-355-1755	水曜日除く毎日　9:00〜18:00
大分県支部	097-552-6897	火〜金　10:00〜15:00
宮崎県支部	0985-22-3803 0982-63-7076 0986-38-8033	月〜金　9:00〜16:00
鹿児島県支部	099-257-3887	月〜金　10:00〜16:00
沖縄県支部	098-989-0159	記載なし

※2024年7月時点の情報　　　　　　　　　　　　出所:認知症の人と家族の会ホームページ

認知症に関して困ったことや心配事があるときは、住んでいるまちの「地域包括支援センター」で相談することもできます

認知症疾患医療センターの連絡先

現在、認知症疾患医療センターは全国に505カ所設置されています(令和5年10月現在)。ここでは、「基幹型」「地域型」「連携型」の3類型のうち、「基幹型」のセンターを紹介します。電話相談などを行っている所もあります。

都道府県指定都市	医療機関名	住所	電話番号
岩手県	岩手医科大学附属病院	矢巾町医大通二丁目1番1号	019-652-7411
秋田県	市立秋田総合病院	秋田市川元松丘町4番30号	018-866-7123
福島県	福島県立医科大学附属病院	福島市光が丘1番地	024-547-1292
茨城県	筑波大学附属病院	つくば市天久保2-1-1	029-853-3645
群馬県	群馬大学医学部附属病院	前橋市昭和町3-39-15	027-220-8047
岐阜県	岐阜市民病院	岐阜市鹿島町7丁目1番地	058-251-5871
三重県	三重大学医学部附属病院	津市江戸橋2-174	059-231-6029
京都府	京都府立医科大学附属病院	京都市上京区河原町通広小路上る梶井町465	075-251-5566
奈良県	奈良県立医科大学附属病院	橿原市四条町840番地	0744-22-3132
和歌山県	和歌山県立医科大学附属病院	和歌山市紀三井寺811番地1	073-441-0776
鳥取県	鳥取大学医学部附属病院	米子市西町36番地1	0859-38-6755
島根県	島根大学医学部附属病院	出雲市塩冶町89-1	0853-20-2630
徳島県	徳島県立中央病院	徳島市蔵本町1丁目10-3	088-631-7172
愛媛県	愛媛大学医学部附属病院	東温市志津川454	089-960-5007
高知県	高知大学医学部附属病院	南国市岡豊町小蓮185-1	088-866-5811
佐賀県	佐賀大学医学部附属病院	佐賀市鍋島五丁目1番1号	0952-34-3838
長崎県	長崎大学病院	長崎市坂本町1丁目7番1号	095-819-7975
鹿児島県	鹿児島大学病院	鹿児島市桜ヶ丘8丁目35番1号	099-811-7388
沖縄県	琉球大学病院	西原町字上原207番地	098-895-1765
浜松市	総合病院 聖隷三方原病院	浜松市北区三方原町3453	053-439-0006

※2023年10月時点の情報

出所:厚生労働省「認知症疾患医療センターの整備状況について」、各医療機関ホームページ

■著者紹介

田中 元（たなか・はじめ）

昭和37年群馬県出身。介護福祉ジャーナリスト。立教大学法学部卒業。出版社勤務後、雑誌・書籍の編集業務を経てフリーに。主に高齢者の自立・介護等をテーマとした取材、執筆、ラジオ・テレビ出演、講演等の活動を精力的におこなっている。現場を徹底取材した上での具体的問題提起、わかりやすい解説には定評がある。『おはよう21』『ケアマネジャー』（中央法規出版）などに寄稿するほか、著書に『ここがポイント！ここが変わった！改正介護保険早わかり〔2024〜26年度版〕』『スタッフに辞める！と言わせない介護現場のマネジメント』『介護の事故・トラブルを防ぐ70のポイント』（自由国民社）、『現場で使える介護福祉士便利帖』（翔泳社）、『認知症ケアが実践できる人材の育て方』『「科学的介護」を現場で実現する方法』（ぱる出版）など多数。

認知症で使えるサービス しくみ お金のことがわかる本

発行　2024年9月2日　改訂3版第1刷発行

著　者	田中　元
発行者	石井　悟
発行所	株式会社自由国民社
	〒171-0033　東京都豊島区高田3-10-11
	TEL　03(6233)0781(営業部)
	TEL　03(6233)0786(編集部)
	https://www.jiyu.co.jp/
印刷所	大日本印刷株式会社
製本所	新風製本株式会社

編集制作	株式会社ループスプロダクション
本文イラスト	Sono Ringo／shutterstock(シャッターストック)
カバーデザイン	西巻直美(株式会社明昌堂)

©2024　自由国民社　Hajime Tanaka, Printed in Japan

落丁・乱丁本はお取り替えいたします。
本書の全部または一部の無断複製(コピー、スキャン、デジタル化等)・転訳載・引用を、著作権法上での例外を除き、禁じます。ウェブページ、ブログ等の電子メディアにおける無断転載等も同様です。これらの許諾については事前に小社までお問い合わせください。
また、本書を代行業者等の第三者に依頼してスキャンやデジタル化することは、たとえ個人や家庭内での利用であっても一切認められませんのでご注意ください。